Ados, galères, complexes et prises de tête

Collection dirigée
par Mahaut-Mathilde Nobécourt

Dans la même collection

Ados, amour et sexualité
Version fille
Dr Irène Borten-Krivine et Dr Diane Winaver

Ados, amour et sexualité
Version garçon
Dr Sylvain Mimoun et Rica Étienne

Ados, comment on vous manipule
Viviane Mahler

Daniel Marcelli
Guillemette de La Borie

Ados, galères, complexes et prises de tête

Illustrations : Philippe Tastet

Albin Michel

Sommaire

FRANÇAIS
PHILOSOPHIE
LANGUES
DICO
HIST-GEO

CONFLITS
SANTÉ
SOLIDARITÉ
DÉPRIME
URGENCES
ORIENTATION

Introduction

Je suis le plus petit de ma classe... Je me trouve trop grosse... Je n'ai pas assez d'argent de poche pour sortir avec les copains... Je n'arrive pas à parler avec mon père... Je me suis fâchée avec ma meilleure amie... Est-ce que je suis amoureux ? Je n'aime pas être tout seul... Marre de leurs réflexions !

Ce livre a commencé à s'écrire dans des classes de quatrième, de troisième, de seconde, sur des petits bouts de papier, et aussi autour d'une table, avec des groupes de copains, des filles et des garçons réunis pour parler.
Tout le monde ne se pose pas les mêmes questions au même moment. Tout le monde n'a pas les mêmes problèmes. Et il n'y a pas une réponse unique et valable pour tout le monde. Mais toutes les filles se demandent ce que pensent les garçons. Et tous les garçons aimeraient bien savoir ce que pensent les filles...

Alors promène-toi et pioche parmi ces questions dans l'ordre qui te convient... Elles te rappelleront des sentiments, des situations, des copains... Parfois tu auras envie de lire ces questions pour toi tout seul, parfois il t'arrivera aussi d'avoir envie de partager les réponses avec des amis. Parfois, tu auras l'impression que cela concerne un plus jeune ou un plus âgé. Dans la traversée de l'adolescence, chacun va à son rythme. On a indiqué des moyennes. Prendre son temps n'est pas moins bien que d'aller vite.

Des réponses à toutes tes questions avec l'éclairage d'un spécialiste :
- pour mieux comprendre ce qui se passe ;
- pour repérer où tu en es à 12-13 ans, ou à 15-16 ans ;
- pour adopter les bonnes attitudes et les bonnes stratégies ;
- pour détecter les signaux d'alerte et ne pas hésiter à demander de l'aide si besoin.

Un livre qui t'accompagnera dans ton cheminement intérieur, t'aidera à te poser les BONNES QUESTIONS, t'aidera à construire tes réponses en t'indiquant ce que tu POURRAIS FAIRE, ce qu'il vaudrait mieux NE PAS FAIRE et comment TE FAIRE AIDER si nécessaire. Un compagnon de route en quelque sorte pour que ce chemin de l'adolescence soit pour toi autre chose que le parcours du combattant… Et tu apprendras que, s'il y a des obstacles, il existe aussi toujours des SOLUTIONS.

I

Mon corps

1

Je déteste mon physique

J'ai les oreilles décollées. Mes seins sont tout petits. Je ne supporte pas mon nez. Je ne suis pas assez musclé. Je me sens moche...

▸ Que se passe-t-il?

Les transformations du corps sont si grandes et si rapides au moment de la puberté qu'on se demande quand ça va s'arrêter et à quoi on va ressembler à la fin. On ne peut absolument rien à tous ces bouleversements, et c'est parfois inquiétant. Un corps qui change est comme un habit neuf dans lequel on ne se sent pas tout à fait à l'aise au début.

Rien de grave tant que cela n'empêche pas de vivre. Par contre, si tu te sentais mal à l'aise dans ton corps au point de ne plus aller à la piscine pour ne pas te montrer en maillot de bain ou de t'interdire de porter des vêtements sympa, cela deviendrait un réel problème.

Sache que personne n'est parfait et que chacun a des petits défauts physiques dont il doit apprendre à s'accommoder. Certains pensent en avoir plus que d'autres... Est-ce ton cas ? N'oublie pas que les critères de beauté ne sont pas les mêmes partout, ni à toutes les époques. Enfin, les gens les plus beaux ne sont pas toujours les plus aimés, ni les plus heureux. Regarde autour de toi !

▸ + de 15 ans

Il est indéniable qu'il y ait une période difficile à vivre. Mais au-delà de 15 ans, quand l'âge de la puberté est dépassé, on se sent infiniment mieux ! On est plus à l'aise dans son corps, et on s'accepte comme on est.

▸ Que faire ?

- Trouver son style

Prends le temps de créer ta personnalité originale, car c'est ce qui fera ton charme. Cherche ce que tu aimes le mieux chez toi (les épaules, les yeux, les cheveux, les jambes ?) et mets-le en valeur. Au contraire, tu peux masquer ce que tu aimes le moins, avec un grand pull, une

frange... Mais n'oublie pas que certains « défauts » font aussi le charme de quelqu'un.

• Chercher les bons trucs

Pour se coiffer, s'habiller, assembler formes, couleurs, et jouer avec, il y a dans la rue, dans les magazines, chez ses parents, des tas de petits trucs à emprunter qui peuvent donner confiance en soi.

– Pour les filles : tu peux te faire offrir, en cadeau de Noël ou d'anniversaire, une séance avec une esthéticienne, pour apprendre à soigner ta peau, à te maquiller, à mettre en valeur la forme de ton visage ou à apprivoiser ton corps.

– Pour les garçons : une visite chez un dermatologue permet d'apprendre les gestes élémentaires pour nettoyer sa peau et éviter la prolifération des boutons d'acné.

• En parler et en rire avec les autres

On peut tout se dire entre amis, et même parler de ses défauts : oreilles décollées, boutons d'acné, nez trop long... Certains ont même beaucoup d'imagination pour s'en trouver. Si on arrive à en sourire ensemble cela permet à ses « énormes défauts » de reprendre leur juste proportion.

Signal d'alerte

Si un défaut physique devient tellement obsédant que tu as l'impression de ne plus vivre à cause de lui, alors c'est le signe d'un mal de vivre qui le dépasse largement. Il faut que tu arrives à en parler, à tes parents ou à quelqu'un de confiance. C'est difficile, mais c'est la seule façon d'en sortir.

La bonne stratégie

Il y a de vrais défauts physiques qui peuvent être corrigés, des anomalies pour lesquelles on peut faire appel à la chirurgie esthétique. Les oreilles décollées en sont un exemple. Attention cependant : les interventions ne sont souvent possibles qu'après la fin de la croissance, vers 17 ou 18 ans. Mieux vaut demander plusieurs avis avant de se décider.

À éviter

Il ne faut pas tomber dans la tentation de tout changer et dans une dérive « à la brésilienne » ! Certains chirurgiens sont prêts à raboter d'un côté, à regonfler de l'autre, à ajouter des seins au kilo, ou à refaire le même nez droit décliné à des milliers d'exemplaires. La beauté, c'est aussi être unique en son genre, et on risque de la perdre en se banalisant.

2

Je suis trop grosse

Je suis énorme, affreuse, rien ne me va, et je n'arrive pas à faire vraiment un régime.

▸ Que se passe-t-il ?

Les filles, entre 10 et 15 ans (pendant les années de la puberté), doivent « encaisser » des changements immenses : une bonne dizaine de centimètres de croissance, et surtout un corps nouveau, sexué, avec des formes rondes, des seins, des fesses, du ventre, et donc des kilos supplémentaires.

Il faut un peu de temps pour s'habituer à ce nouveau corps et à cette nouvelle féminité. D'autant que les parties du corps ne se développent pas toutes en même temps : on grossit parfois avant de grandir.

Du coup, on a un peu de mal à accepter ce corps en perpétuel changement, on ne lui voit que des défauts !

▸ Que faire ?

• Bouger

Le corps a besoin d'entretien : au minimum trois quarts d'heure par jour d'exercice physique, sans forcer. Si tu n'as pas envie de faire des efforts, ou si tu détestes le sport, il y a d'autres façons de bouger : va en cours à vélo ou à pied plutôt que de monter dans un bus ou une voiture, prends les escaliers plutôt que l'ascenseur ou l'escalator...

Calcule ton indice de masse corporelle (IMC)

$$\frac{\textit{Poids en kilos}}{\textit{Taille en mètre au carré}}$$

$$\frac{\textit{Poids en kilos}}{\textit{Taille en mètre au carré}}$$

Pour les garçons comme pour les filles, le résultat est dans la norme entre 14 et 22 à 12 ans, entre 15 et 24 à 15 ans, entre 17 et 27 à 18 ans.

Exemple : une jeune fille mesure 1, 65 m et pèse 55 kg. Si on divise 55 par (1,65 x 1,65), on obtient 20,22.

Un garçon qui mesure 1,76 m pour 72 kg, a un IMC de 23,30. Ils sont donc tous les deux dans la norme !

On considère comme « normal » un poids correspondant à un IMC compris entre 18,5 et 25. De 25 à 30, on se situe dans le surpoids ; et au-delà dans l'obésité. En dessous de 18,5, on est dans les zones de la maigreur et, à moins de 15, de l'extrême maigreur. Obésité comme extrême maigreur font souffrir le corps et présentent des risques. Par exemple le diabète pour l'obésité, un arrêt de la croissance et l'ostéoporose (manque de calcium dans les os avec risque futur de fractures) pour l'extrême maigreur.

- Faire la cuisine

Les plats préparés à passer au micro-ondes sont pratiques mais pas très diététiques : vite prêts et vite avalés, dès qu'on a un petit creux. Pourquoi ne pas annoncer de temps en temps à la maison : « Je me charge du dîner », et concocter ses petits plats préférés, avec rien que des bonnes choses, quitte à prendre un livre de cuisine !

- Résister au grignotage

Quand on déprime trop parce qu'on se trouve grosse, on essaie de faire des efforts de « régime ». On saute un repas et, deux heures après, n'y tenant plus, on se jette sur une barre chocolatée. Ou on se console devant la télé avec un paquet de chips. C'est cela qui risque de vraiment faire grossir.

▸ À ne pas faire

- Se comparer aux top models

Les mannequins filiformes présentés dans les journaux ne sont pas « vrais ». Toutes les photos sont retouchées par ordinateur pour donner des silhouettes plus fines encore. Certaines de ces filles sublimes sur le papier te font peut-être rêver. Dis-toi qu'elles sont moins belles qu'il n'y paraît et que certaines sont gravement malades et souffrent d'anorexie.

- Se comparer aux garçons

Pendant que les filles prennent des seins et des hanches, les garçons développent leur taille et leurs muscles. Désormais, les garçons courront toujours plus vite et les filles auront plus de rondeurs (c'est ce qui fait leur charme !).

- Vouloir maigrir

Si tu as un surpoids (voir encadré), c'est sans doute depuis la petite enfance. Au moment de la puberté, tu ne dois pas maigrir : l'objectif est de prendre des centimètres sans prendre de poids. Grâce à la croissance, ta silhouette perdra son aspect enrobé.

▸ La bonne stratégie

Dans les pages centrales de ton carnet de santé, tu trouveras les courbes de poids et de taille, de 0 à 22 ans. Regarde comment tu te situes par rapport à la moyenne. Si le rapport poids/taille est dans cette moyenne, il suffit de continuer à avoir une alimentation équilibrée et une bonne hygiène de vie.

▸ Signal d'alerte

• Si tu as un vrai surpoids, tu peux apprendre à modifier tes habitudes de vie et d'alimentation, pour permettre un retour à la normale. Seul(e) toi-même peux le décider, en te faisant aider par un médecin ou un diététicien, et soutenir par ta famille (voir VIII, Comment se faire aider ?).

• Le yo-yo ascendant ! Un régime entrepris tout(e) seul(e), sans aide médicale, ou juste avec ta mère qui elle aussi veut perdre quelques kilos, risque d'aboutir à l'effet contraire. Rapidement on craque, on se lâche un peu, puisqu'on a déjà perdu trois kilos. Et on en reprend cinq dans le mois suivant. Ainsi, dès l'arrêt du régime, on reprend les kilos perdus, plus quelques-uns en prime. À la tentative de régime suivante, ce sera la même chose, les kilos supplémentaires s'accumulent. C'est le fameux yo-yo ascendant.

• Surtout pour les filles : faire un régime en restreignant de plus en plus son alimentation. Cela donne le sentiment de triompher de ce corps et de ses besoins qu'on déteste. Ce régime n'est jamais suffisant, il faut toujours en rajouter, les règles disparaissent, mais on se trouve toujours trop grosse : les plis du ventre deviennent une obsession, on veut absolument pouvoir faire le tour de ses cuisses avec ses doigts... C'est s'engager dans l'anorexie mentale, une maladie redoutable.

Il n'y a pas de tête sans corps, cette volonté de maîtrise risque de bloquer la croissance (voir question suivante) de mettre le corps en péril, et même la vie en danger.

Plus on refuse une aide, plus ce sera compliqué et difficile d'en sortir.

Amélie Nothomb, dans *Biographie de la faim* (Albin Michel, 2004), raconte très bien ce qui se passe.

3

Je suis le plus petit de ma classe

On me traite de nain, je suis moins bon que les autres en sport, les profs me mettent toujours au premier rang pour m'apercevoir...

▸ Que se passe-t-il ?

L'âge du début de la puberté n'est pas le même pour chaque adolescent, et la puberté démarre plus tard chez les garçons que chez les filles. C'est pourquoi, dans une classe, il y a à la fois des « géantes » et des « nains ». Ça dure deux ou trois ans, et ce n'est pas plus agréable pour les grandes que pour les petits ! Comme la première phase de la puberté masculine (le développement des testicules et de la verge) ne se voit pas à l'extérieur, les autres ont l'impression que tu es encore un petit garçon et cela peut énerver... Enfin, la croissance commence par les membres : les pieds, les mains, les bras, les jambes grandissent avant le torse. Ce qui ne permet pas de dominer la situation ! Le développement des muscles vient encore après.

Filles et garçons

Comme on ne sent pas très à l'aise dans son corps, la tentation est grande de se moquer des autres avant qu'ils se moquent. Les filles et les garçons ne se font pas de cadeaux. Les unes se font facilement traiter de boudins, et les autres de nains de jardin !

+ de 15 ans

Un gringalet de 12 ans peut tout à fait espérer atteindre une stature et des épaules de camionneur à 16 ans, en dépassant ceux qui avaient grandi avant lui. Mais il y a toujours de grandes différences individuelles.

Repères

Si tu te trouves trop petit, vérifie d'abord si tu es dans la moyenne.

À 12 ans, un garçon peut mesurer entre 1,35 m et 1,70 m.

À 15 ans, il peut mesurer de 1,55 à 1,87.

À 22 ans, de 1,63 à 1,87.

Les écarts sont donc très importants, et pourtant normaux !

Que faire ?

- Prolonger la courbe de taille du carnet de santé

Regarde dans les pages centrales les courbes de taille des garçons de 0 à 22 ans, et vérifie si tu es dans la moyenne. Si ton carnet de santé a été tenu à jour, tu peux aussi évaluer la taille que tu atteindras en prolongeant la courbe de croissance. Attention, ce n'est qu'une moyenne !

- Observer ses parents

Pour évaluer quelle taille on atteindra en définitive, et se donner la patience d'attendre, on peut demander à son père, mais aussi aux frères de sa mère, à quel âge ils ont atteint leur taille adulte. Et faire le compte à rebours. On peut même s'offrir le luxe d'ajouter quelques centimètres supplémentaires de bonus (mais pas plus de cinq), puisque l'espèce humaine connaît une augmentation généralisée de sa taille, grâce à une bonne alimentation, au recul des maladies et au développement du sport.

- S'accommoder des différences physiques

Les facteurs génétiques font de chaque personne un être unique, et tant mieux : il y a des grands et il y a des petits, des minces et des enrobés. Il est plus confortable d'être dans la moyenne qu'en dehors. Mais cela n'enlève rien au charme et à la personnalité !

▸ Signal d'alerte

Si ce décalage de taille avec les autres devient une obsession pour toi, un examen médical peut déterminer où tu en es de ton développement pubertaire, et quelle taille définitive tu atteindras (on observe à la radio la maturation osseuse du poignet). Pour les cas extrêmes, il existe des traitements pour accélérer la croissance.

Si cette obsession d'être trop petit persiste alors que le médecin juge ta taille dans la moyenne, c'est peut-être que tu focalises sur elle d'autres choses : un sentiment d'infériorité, l'impression d'être nul, un manque d'estime pour toi-même. C'est à l'origine de ces sentiments qu'il faut t'attaquer. Comme disait le père de Coluche : « La bonne taille pour les jambes, c'est quand les pieds touchent par terre » !

Il arrive parfois que des difficultés psychologiques puissent pendant un moment bloquer la croissance. Ce sont ces difficultés qu'il faut d'abord comprendre et résoudre, avec l'aide d'un adulte. Ensuite, la croissance pourra reprendre normalement.

4

Je suis tout le temps fatigué(e)

Pendant les cours, je m'endors. Au moment de me mettre au boulot, je bâille... Je me sens trop crevée pour aller à pied chez une copine, trop nase pour jouer au foot le dimanche matin...

▸ Que se passe-t-il ?

À l'adolescence, les besoins de sommeil augmentent : cela fatigue, de prendre tant de centimètres et de kilos ! En même temps, l'horloge biologique de chacun se modifie, en se décalant : on ne s'endort plus aussi facilement le soir et on a tendance à se réveiller plus tard le matin. Heureusement, car une grasse matinée de temps en temps permet de récupérer d'un manque de sommeil ou/et de la fatigue accumulée. Tu ne te réveilles plus le matin aussi tôt que ton petit frère, et tu ne tombes pas de fatigue le soir comme tes parents devant la télé.

En général, on est surtout fatigué le matin et on a du mal à se mettre en route. Le soir, la forme revient, jusqu'à tard dans la nuit ! Ou bien on est fatigué parce qu'on manque de sommeil après une nuit de fête, ou une longue soirée de travail pour le lendemain matin...

La fatigue chronique est différente : on a l'impression de traîner péniblement son corps, de porter en permanence un sac à dos rempli de cailloux. Des maladies peuvent se manifester au début par cette fatigue intense : certaines ne sont pas graves, comme la grippe ; d'autres le sont plus, comme le diabète.

Une grande fatigue persistante accompagnée d'insomnies et d'idées tristes peut être le signe d'une dépression (voir 14, J'ai des angoisses, et 16, Je n'ai plus envie de rien).

Mais le plus souvent, et de loin, la fatigue est un signal du corps pour rappeler qu'il n'a pas la dose de sommeil qui lui est nécessaire.

▸ Que faire ?

• Évaluer ses besoins personnels de sommeil

Chaque individu a des besoins différents et très variables. C'est à chacun de s'approprier sa façon de dormir, et ses besoins. La bonne quantité de sommeil est celle qui permet de se sentir bien, sans être ni trop énervé ni trop somnolent durant la journée. Les parents peuvent avoir un peu oublié ce que c'est que d'être adolescent. Tu peux leur demander de respecter ton rythme de sommeil, et de te laisser te débrouiller avec, en tenant compte évidemment des impératifs de ton emploi du temps !

Quel est ton quota de sommeil ?

Pour savoir de combien d'heures de sommeil par nuit tu as besoin pour être en forme, fais le calcul pendant les vacances : note l'heure du coucher et l'heure de réveil naturel, sans bruit particulier ; calcule la différence (par exemple : coucher 1 heure du matin, réveil en forme à 10 heures, besoin de sommeil, neuf heures par nuit). Fais la moyenne entre trois nuits types.

• Bien gérer son emploi du temps

Si l'on a tendance à s'endormir pendant les cours dans la matinée, c'est sans doute qu'on manque de sommeil. Comme, jusqu'à nouvel ordre, ce ne sont pas les élèves qui décident à quelle heure commencent les cours le matin, il ne te reste qu'à jouer sur l'heure du coucher et à t'organiser pour dormir un peu plus tôt.

• Apprendre à récupérer

Sache profiter des moments où tu peux récupérer et prévois-les à l'avance dans ton emploi du temps. Par exemple, garde du temps le week-end, pour faire au moins une vraie grasse matinée, ou bien une longue sieste.

▸ Signal d'alerte

Si, après plusieurs semaines de longues nuits et de vie à peu près équilibrée, on se sent toujours aussi fatigué ;

si on est toujours plus fatigué au réveil qu'à l'endormissement ; si on se réveille plusieurs fois dans la nuit sans arriver à se rendormir facilement ; si on est trop épuisé pour faire ce que l'on voudrait... alors la fatigue est peut-être le symptôme d'une maladie physique ou psychologique. Il faut, dans ce cas-là, consulter un médecin.

5

Crise de nerfs, de tétanie ou de spasmophilie

Mais qu'est-ce qui m'arrive ! Je tremble. Je n'arrive plus à respirer. Je sens que je vais m'évanouir...

▸ Que se passe-t-il ?

Crise de nerfs, de tétanie, de spasmophilie, ce sont trois mots différents pour désigner la même chose. Tout d'un coup, on a du mal à respirer, on a l'impression de manquer d'oxygène, on respire trop vite. Les muscles se contractent, le cœur bat plus vite, il semble qu'il va éclater, qu'on va s'évanouir ou mourir. Parfois aussi, on tremble de tout son corps et on ne sait plus du tout où on est et ce qui se passe. Et tout le monde est là qui regarde, les yeux étonnés...

La cause physique de ces manifestations est connue : l'hyperventilation (la respiration rapide, courte et haletante) provoque des modifications de l'équilibre du sang. Ce qui peut entraîner des variations de sa teneur en calcium ou en magnésium. Quand une crise est enclenchée, elle peut aller jusqu'à l'évanouissement.

Mais le déclencheur initial des crises est l'angoisse. Les crises arrivent donc quand on est fatigué, vulnérable, ou que, côté moral, ça ne va pas fort.

Filles et garçons

L'angoisse apparaît souvent au moment de la puberté chez des personnalités anxieuses, qui ont peur des séparations. Ces crises arrivent beaucoup plus souvent aux filles. L'angoisse chez les garçons se traduit plutôt par des imprudences plus ou moins volontaires ; ils ont alors plus de risques d'avoir des accidents.

Durant l'adolescence, une fille sur trois ou quatre traverse cette expérience. Mais heureusement, l'angoisse ne devient fréquente et durable que chez une fille sur dix. Elle disparaît souvent après 15 ans.

▸ Que faire ?

- Créer le calme

Si tu sais que tu es sujet(te) à ce genre de crise, préviens tes amis. Dis-leur que si cela t'arrive il te faut avant tout du calme.

Si cela arrive à une copine, fais sortir tout le monde de la pièce. Une seule personne doit rester avec elle, quelqu'un qui n'a pas peur de ce qui arrive. Cela peut être un adulte, ou toi si tu as l'habitude.

- Faire preuve d'autorité

On peut arrêter la crise en faisant preuve d'autorité : si une infirmière est là, elle peut dire à ton amie de manière forte de se calmer, et même la secouer un peu, lui donner des petites tapes sur la joue. Tu peux toi aussi intervenir si tu n'as personne à appeler. Ce n'est ni de la violence, ni de la méchanceté, simplement une manière de la faire sortir de la crise.

- Ne pas lutter contre l'angoisse

Si c'est à toi que cela arrive, quand tu sens monter les

symptômes, ne cherche pas à les ignorer. Car plus on lutte, plus on risque de faire des crises. Si tu es en classe, dès le début, dis au prof que tu te sens mal, et demande à aller à l'infirmerie.

• Se reposer dans un endroit calme

Si tu es seul(e), allonge-toi sur ton lit, ferme les yeux, mets de la musique... Respire calmement, à la vitesse de vingt à vingt-cinq respirations par minute. En soufflant bien pour évacuer l'air. Essaie de penser à des choses agréables, des projets qui te font plaisir.

• Apprendre à se détendre

Pour mieux surmonter les crises, tu peux apprendre à te détendre avec des techniques de relaxation ou le yoga.

- Réfléchir sur soi-même

  Repérer les moments et les lieux où ces crises se déclenchent ; essayer de retrouver les toutes dernières pensées qui ont précédé la crise.

Signal d'alarme

Une crise de temps en temps n'est pas grave. Mais si les crises se répètent, augmentent en fréquence (toutes les semaines ou plus), si on a peur à l'avance qu'elles surviennent, il faut chercher les moyens de retrouver un minimum de sécurité intérieure.

La bonne stratégie

La seule manière d'éviter ces crises, c'est d'essayer de « démêler la pelote » des causes de l'angoisse qui les provoque. Il faut avoir le courage d'en parler, et d'engager un travail psychologique sur soi-même.

Les médicaments peuvent être utiles, surtout quand les crises se répètent. Mais il ne faut pas se précipiter trop vite sur cette solution, car ils ne « soignent » pas l'origine de la crise et ne peuvent pas à eux seuls traiter les causes profondes de l'angoisse. Le traitement doit toujours être associé à une aide psychologique.

6

Mon copain a eu un accident

Il roulait trop vite en Mobylette, il n'a pas fait attention en traversant, et il est à l'hôpital avec une jambe cassée ; ou, plus grave, il est dans le coma. Cela me bouleverse complètement...

▸ Que se passe-t-il ?

L'événement te concerne évidemment puisqu'il s'agit de ton copain. Tu es inquiet et triste pour lui, mais tu es également bouleversé, parce que tu croyais que ces choses-là ne pourraient jamais arriver. Lui aussi se comportait comme s'il était invulnérable. Tu réalises que cela pourrait bien t'arriver aussi... Cette triste expérience t'apprend quelque chose d'important : on est tous vulnérables et il ne faut pas provoquer le destin.

S'il s'agit d'un accident grave, s'il est dans le coma, la question de la mort, la sienne et celle des autres, fait brutalement irruption dans ta vie. Tout le monde est bouleversé. On peut même être « sidéré », c'est-à-dire ne plus pouvoir penser à autre chose, ne pas savoir comment réagir.

▸ Que faire ?

• Si sa blessure est sans gravité, jambe cassée ou points de suture :

– Montrer à l'accidenté qu'on tient à lui

Débrouillez-vous entre copains pour qu'il sache qu'on pense à lui. Faites-lui passer des petits mots, des bouquins, allez le voir à l'hôpital ou chez lui. Après une telle expérience, il a certainement besoin de raconter ce qui lui est arrivé !

– Créer un réseau de solidarité

Organisez-vous, à plusieurs et avec les profs, pour prendre ses cours, les lui apporter et l'aider à ne pas accumuler trop de retard en classe. Cela lui permettra aussi de penser à autre chose qu'à son accident.

• Si sa vie est en danger, ou s'il doit garder des séquelles graves :

– Ne pas gêner les médecins

Dans un premier temps, il faut laisser faire les professionnels et ne pas trop se manifester. Ton copain n'est pas en état de profiter de votre présence, il faut le comprendre.

– Manifester sa solidarité

En revanche, vous pouvez vous réunir entre vous pour choisir celui ou celle qui ira – parce qu'il s'en sent capable ou parce qu'il connaît bien la famille – demander des nouvelles. Vous pouvez aussi écrire une lettre commune à ses parents. C'est une manière de manifester votre solidarité, tout en respectant leur inquiétude et leur besoin d'intimité. On peut aussi parler avec ses frères et sœurs, s'il en a et si on les connaît, et les entourer, car c'est aussi très dur pour eux.

– Reconnaître l'importance des signes d'amitié

Il faut surmonter sa pudeur et sa timidité pour être capable d'envoyer des petits signes d'amitié. Ils sont importants et font du bien à ceux qui sont dans la souffrance ou dans l'inquiétude, même s'ils ne peuvent pas le montrer.

• Il arrive, hélas, qu'un jeune meure dans un accident, ou dans d'autres circonstances (suicide). On se met tous à penser à la mort, au sens de la vie, à se sentir coupable de ne pas lui avoir assez montré qu'on l'aimait. On a la tête complètement prise par cette personne. On est en deuil, ce qui entraîne un travail psychique qui va s'accompagner d'une certaine souffrance. C'est inévitable.

– En parler et participer aux cérémonies

Cela permet de partager sa souffrance et d'amorcer ce travail de deuil. Et de manifester de la solidarité à sa famille.

– Être attentif aux plus proches

Le meilleur ami, la petite amie peuvent s'effondrer. Il arrive qu'il (elle) soit envahi(e) par l'idée d'aller le rejoindre. Et cette idée peut devenir obsédante. Il faut être attentif à eux, les soutenir. Si on les voit s'isoler, couper les relations, laisser tomber le travail scolaire, ne pas hésiter à aller vers eux, alerter leur famille et les encourager à en parler à une personne de confiance au lieu de se murer dans le silence.

▸ À savoir

Ce sont les garçons les plus touchés par les accidents, car ils prennent plus de risques que les filles.

7

Est-ce que je suis homosexuel(le) ?

Je suis un garçon, j'aime les moments d'intimité avec mon meilleur copain, et je me sens attiré par les garçons.

Je suis une fille, j'adore être avec ma meilleure amie, j'aurais envie de me sentir encore plus proche d'elle...

▸ Que se passe-t-il ?

Le fait de se sentir homme ou femme est quelque chose de complexe, qui se construit peu à peu, au cours de l'adolescence. On traverse d'abord une période d'attirance pour les amis du même sexe. Ils permettent de se découvrir à travers eux. À 13-15 ans, on est donc « homophile », ce qui veut dire qu'on est bien avec ceux du même sexe. On a envie de les connaître pour mieux se comprendre soi-même. On peut se sentir attiré par quelqu'un du même sexe et avoir envie de lui ressembler. Ce n'est pas de l'homosexualité pour autant. Il n'y a pas de répulsion ou d'horreur envers l'autre sexe, mais plutôt de la crainte ou de l'indifférence.

Vers 16 ou 17 ans en moyenne, cela change : on devient prêt à découvrir l'autre sexe, parce qu'on est rassuré sur sa propre identité. La crainte de l'autre diminue et on prend conscience de la richesse des différences.

Dans cette période de construction de l'identité sexuelle, l'orientation de chacun dépend aussi beaucoup des rencontres qu'il fait. Un garçon qui tomberait sur des filles qui le font souffrir pourrait finir par penser que c'est humiliant d'avoir une relation avec une fille. Il préférera alors peut-être choisir une relation homosexuelle pour se protéger. Les premières rencontres amoureuses ne résoudront pas non plus tous les doutes, toutes les difficultés, ne combleront pas tous les manques que ressent toute personne humaine.

Test pour les garçons

Dans le vestiaire, après le match, tu as très envie de voir comment sont faits tes copains, tu te demandes si ton sexe est identique à celui des autres ?

Quand tu es seul avec un copain, tu aimerais bien savoir comment il est quand il bande ?

Tu trouves que les filles sont casse-pieds, tu penses qu'elles ne cherchent qu'à se moquer de toi, te rabaisser ?

Tu trouves que les histoires des filles, c'est chiant. La force des garçons t'attire et te rassure ?

Si tu as trois oui, cela veut dire que tu traverses une période d'attirance normale pour ceux de ton sexe.

Quand tu étais petit, entre 4 et 12 ans :

Tu préférais les jeux de filles ?

Tu aurais aimé t'habiller comme une fille ?

Tu n'étais bien qu'en compagnie des filles ?

Si tu as deux oui sur trois, tu as probablement des difficultés dans ton identité sexuelle, et cela vaut la peine d'aller en parler avec un psy (voir VIII, Comment se faire aider ?).

Certains pourtant, du plus loin qu'ils se souviennent, ont toujours eu le sentiment de ne pas être à leur place parmi ceux de leur sexe. Dès leur plus jeune âge, les garçons n'étaient bien que dans un univers de filles, et les filles dans un monde de garçons. Ces deux tests peuvent les aider à y voir plus clair.

Est-ce normal ou anormal d'être homosexuel ? En matière de sexualité, il n'y a pas de norme qui doive s'appliquer à tous. La seule exigence est de respecter son partenaire, et de ne rien lui imposer sous la contrainte. Mais le choix de vivre une homosexualité est souvent plus difficile et parfois douloureux. Les homosexuels sont une minorité, parfois mal acceptée dans la société. Si bien que l'engagement dans une affirmation homosexuelle est à l'adolescence toujours source de souffrance psychique.

Test pour les filles

Avec ta meilleure amie, tu as parfois envie de la caresser et de l'embrasser ?

Vous aimez échanger vos habits, tu as envie d'essayer ses soutiens-gorge et ses petites culottes ?

Tu as peur de la violence des garçons et tu préfères la tendresse féminine ?

L'idée de leur sexe en érection te semble bestiale, et celle de pénétration te fait peur ?

Si tu as trois oui, cela veut dire que tu traverses une période d'attirance normale pour celles de ton sexe.

Quand tu étais petite, entre 4 et 12 ans :

Tu voulais toujours jouer avec les garçons.

Cela te semblait ridicule de jouer à la poupée ?

Tu détestais t'habiller avec des jupes ou des robes ?

Si tu as deux oui sur trois, tu as probablement des difficultés dans ton identité sexuelle, et cela vaut la peine d'aller en parler avec un psy.

▸ Que faire ?

- Donner du temps au temps

Puisqu'il faut du temps pour construire son identité sexuelle, ne décrète pas trop vite que tu es homo ou hétéro. Ta conviction intime se fera avec le temps. Il ne faut pas chercher à éviter le doute pour se rassurer. Et, de toute façon, jusqu'à 17 ou 18 ans, il est difficile d'avoir des certitudes dans ce domaine.

- Parler à qui peut entendre

Si tu penses qu'il y a peut-être en toi une orientation homosexuelle, il faut que tu puisses en parler. Tes parents risquent d'être perturbés et mal préparés à cela. De plus, ta sexualité est un domaine très intime qui ne les concerne pas : tu peux être plus à l'aise pour en parler avec un psy (voir VIII, Comment se faire aider ?) dont le métier est précisément de t'aider à mieux comprendre ton choix et à ne pas en souffrir.

▸ Signal d'alerte

Certains adultes homosexuels peuvent être séduits par ta jeunesse et désirer faire de toi leur partenaire sexuel. Tu dois le savoir, et ils ne sont pas censés l'ignorer, les relations sexuelles entre un adulte et un jeune mineur de moins de 15 ans, qu'elles soient hétérosexuelles ou homosexuelles, sont interdites par la loi. Ce n'est plus, dans ce cadre-là, de l'homosexualité mais de la pédophilie.

8

Je me masturbe tout le temps

Le soir avant de m'endormir, le matin en me réveillant, dans la salle de bain en prenant ma douche, tous les jours ou presque, je me masturbe. C'est devenu une habitude. Est-ce que c'est normal ?

▸ Que se passe-t-il ?

Chez les garçons, spontanément ou après des caresses, le sexe se tend, avec une sensation d'excitation presque pénible. C'est ce qu'on appelle une érection. À partir de 13 ou 14 ans, cela entraîne une éjaculation de sperme, qui donne en même temps un plaisir intense : l'orgasme. La présence du sperme témoigne de l'activité des glandes sexuelles contenues dans les testicules. L'éjaculation entraîne un certain soulagement, et une diminution de l'excitation, qui peut réapparaître peu après.

Pour obtenir cette excitation et ce plaisir, certains se masturbent tous les jours, d'autres de temps en temps seulement. Cela dépend de l'intensité des pulsions sexuelles que chacun porte en lui. En même temps, des pensées érotiques peuvent survenir. Certaines sont banales : tu imagines des filles de ton âge déshabillées, ou des femmes. Parfois, ce sont des amies ou des connaissances, et cela te gêne. Parfois aussi, te viennent à l'idée d'autres scènes un peu étranges.

Les filles aussi se masturbent. Sans doute moins que

les garçons, et moins régulièrement, mais cela dépend aussi de la force de leurs pulsions sexuelles. Elles se caressent le clitoris, ce petit organe érectile situé sur la vulve, à l'entrée du vagin. Certaines obtiennent aussi des sensations en serrant les cuisses très fort. Le plaisir, comme pour les garçons, peut aller jusqu'à l'orgasme, c'est-à-dire des contractions en forme de spasmes des muscles autour du vagin.

▸ Que faire ?

- Accepter cette excitation

À l'adolescence, cela arrive à tous de se masturber, et aux adultes aussi parfois. La masturbation est une étape qui aide à mieux connaître son corps et à se préparer à une sexualité partagée.

- Ne pas avoir honte, ni peur

Autrefois, la masturbation était considérée comme dangereuse, car on pensait que la force de vie s'échappait à travers le sperme. Mais on sait maintenant que ce n'est pas vrai, et que cela n'a jamais rendu personne stérile ou malade. Ce n'est pas parce qu'on se masturbe à l'adolescence qu'on deviendra un pervers ou un maniaque sexuel.

- Préserver son intimité

Ton corps n'appartient qu'à toi : personne n'a à savoir ce que tu fais dans l'intimité de ta chambre.

- Apprivoiser son imaginaire

Parfois certains sont un peu effrayés par ces images qui leur viennent dans l'excitation. Il n'y a pas de quoi. Peu à peu, elles seront remplacées par une image féminine, ou masculine, plus précise.

Signal d'alerte

Si la masturbation devient pour toi un besoin proche de l'obsession et l'unique moyen d'évacuer une excitation, une colère ou une violence difficiles à contenir autrement, si toutes tes pensées tournent autour de ça, une démarche psychologique s'impose. Elle peut te rendre cette part de liberté si essentielle à la vie, et t'éviter de te laisser envahir par une obsession sexuelle.

Il existe d'autres manières de se défouler, comme le sport, les rencontres, qui font aussi du bien, et ouvrent à d'autres plaisirs. Et puis il y a une autre dimension de la sexualité à découvrir, le partage amoureux...

II

Ma tête

9

Je suis timide

Rien à faire : au moment de croiser un regard, je me détourne. J'hésite tellement longtemps à prendre la parole en classe que le sujet est déjà dépassé. Je dis non quand je voudrais tant que ce soit oui...

▸ Que se passe-t-il ?

Une certaine dose de timidité est normale. C'est tout simplement de la réserve : cela permet de protéger son intimité, et aussi de respecter celle des autres. Il n'y a pas de relations justes et fortes sans cette réserve.

À l'adolescence, la réserve est souvent plus grande que dans l'enfance. On se demande avec inquiétude comment les autres vous regardent : « Qu'est-ce qu'il va penser de moi ? » Les émotions sont si fortes, si intenses, qu'on craint de ne pouvoir les maîtriser. Quand on rougit, on a l'impression que les autres devinent notre trouble intérieur, et même nos pensées : « Ça se voit comme le nez au milieu de la figure. »

Tout est une question de degré : s'il est normal d'être un peu timide, il ne faut pas que cette timidité entrave la vie. Elle devient un problème réel si elle empêche de faire ce que l'on voudrait, de dire ce que l'on pense, et surtout d'avoir des amis.

▸ + de 15 ans

Patience ! Au fur et à mesure que tu te sentiras plus à l'aise dans ta personnalité, tu prendras naturellement de l'assurance, et tes relations avec les autres deviendront plus faciles.

Es-tu vraiment trop timide ?

T'arrive-t-il de refuser par timidité une sortie dont tu avais très envie ?

Regrettes-tu de ne jamais pouvoir parler tranquillement avec quelqu'un, à cause de ta timidité ?

Te sens-tu complètement bloqué avec les étrangers ?

Ta personnalité est-elle très différente en famille et à l'extérieur ?

Tes exposés ou tes examens oraux, en classe, quand tu n'arrives pas à échapper à cette obligation, sont-ils une catastrophe ?

Est-ce qu'il t'est très difficile d'adresser la parole à quelqu'un que tu ne connais pas (par exemple pour demander ton chemin dans la rue) ?

Si tu as plus de quatre ou cinq oui, tu es vraiment timide, mais il y a certainement quelque chose à faire...

▸ Que faire ?

- Accepter une certaine réserve

  C'est comme ça : les relations humaines ne sont jamais faciles. C'est ce qui en fait le prix !

- Protéger son intimité

  On a besoin de temps pour se connaître, on ne se per-

met pas tout avec tout le monde tout de suite ! C'est une forme de réserve qu'il faut respecter sans brûler les étapes.

À ne pas faire

Se laisser prendre au jeu des frimeurs qui semblent si sûrs d'eux. N'en rajouteraient-ils pas un peu ? Et si au fond ils étaient eux aussi des timides !

La bonne stratégie

Inscris-toi à des cours de théâtre ! Même si tu es timide dans la « vraie vie », tu peux endosser des personnages différents, et leur emprunter un peu de leur assurance et

de leur spontanéité. Certains timides se révèlent ainsi à eux-mêmes, arrêtent de bégayer ou de rougir en montant sur scène !

Il existe aussi des petits moyens simples de s'attaquer à sa timidité : donne-toi des objectifs à ta mesure, qui t'obligent à prendre sur toi, pour voir ce que cela donne. Par exemple :

– « Quand je croise Alexandra, je lui dis bonjour, je lui demande comment ça va. »

– « Aujourd'hui, je prends deux fois la parole en cours. »

– « La prochaine fois que je vais au cinéma, je propose à Théo de m'accompagner. »...

▸ Signal d'alerte

Si tout cela ne marche pas, et si ta timidité s'aggrave, devient trop gênante et te fait souffrir, accepte une aide (voir VIII, Comment se faire aider ?) : des professionnels peuvent t'apprendre à t'affirmer, et donc à vivre mieux.

10

Personne ne m'aime !

Personne ne s'intéresse à moi. J'ai l'impression de parler tout seul. On n'écoute jamais ce que je dis. Je n'arrive plus à me comprendre avec mes anciens copains. Ça se passe mal avec mes parents.

▸ Que se passe-t-il ?

Vers 15 ans, on traverse presque toujours une période où l'on doute terriblement de soi, même si on n'en montre rien. Alors, quand on ne s'aime pas beaucoup, on en arrive vite à cette conclusion : « Je ne me supporte pas moi-même, et donc les autres non plus, personne ne m'aime... »

On a du mal à s'investir dans des activités, on se met facilement à part. On trouve ses parents envahissants, leur tendresse devient encombrante. Tout est réuni pour se sentir un peu à l'écart, avoir l'impression que c'est de la faute des autres. Surtout si tes amis du même âge éprouvent un peu la même chose au même moment !

▸ + de 15 ans

Cette impression d'être à part, que les autres ne t'aiment pas, ne devrait pas durer au-delà de 15 ans. Elle disparaît peu à peu, en même temps que tu te réconcilies avec toi-même. Et, de temps en temps, tes amis ou ta famille te donnent la preuve évidente qu'on t'adore : avec un anniversaire-surprise ou une invitation sympa. Alors, il faut bien en profiter, et surtout ne pas se dire que c'est un hasard, ou une erreur !

▸ Attention !

Si cette impression dure, malgré tout, et se conjugue avec d'autres problèmes, comme avoir du mal à s'endormir, ou ne pas arriver à se concentrer en classe, cela ressemble alors à un coup de déprime, ou peut-être à une vraie dépression (voir le test p. 66).

▸ Que faire ?

• Accepter d'être aimé

Ne pas rejeter toute manifestation de sympathie ou de tendresse. Il y a bien des gens dont on a l'impression d'être aimé, parmi les parents, les amis, les copains, et qui souvent ne demanderaient pas mieux que de le montrer, si cela leur est possible sans se faire agresser !

• Sortir de sa coquille

Si on veut être apprécié par les autres, il y a un minimum de gentillesse et de bonne volonté à montrer ! S'obliger, par exemple, même si on n'en a pas vraiment envie, à un coucou de loin le matin, à un petit mot sympa à la récréation, pour créer la chaleur humaine dont tout le monde a besoin.

• Éviter de se plaindre tout le temps

Même si on a de bonnes raisons, cela fait fuir tout le monde !

- Accepter de s'engager

  Se forcer à dire oui quand une proposition te plaît, mais te demande un effort... Prendre le risque de s'ouvrir, de ne pas trouver tout nul, et même de faire un pas vers les autres. Sans pour autant hésiter à dire non quand tu n'as vraiment pas envie de quelque chose !

La bonne stratégie

Si on veut parler avec d'autres des difficultés qu'on ressent, il y a une bonne manière de s'y prendre. Plutôt que d'accuser : « Vous ne m'aimez pas », on peut dire, dans la conversation : « Je me sens un peu à l'écart » ou « J'ai du mal à trouver les mots justes ». Il y a de bonnes chances pour que d'autres autour de soi aient aussi ressenti cela à un moment, et acceptent de le reconnaître.

Signal d'alerte

Si au bout de quelques tentatives pour t'intégrer, tu sens que ça coince encore, malgré tes efforts, essaie d'en parler avec une personne de confiance. Elle t'aidera à comprendre ce qui ne va pas.

11

Marre de leurs réflexions

« Tu ressembles à un pot de peinture », ou bien « Tu as mis tes flotteurs, aujourd'hui », ou encore « T'as du poil au menton ! »... Ils ne se rendent pas compte que cela me prend la tête !

▸ Que se passe-t-il ?

En ce moment, ton entourage t'observe sans doute d'un peu plus près, à cause de tes multiples transformations. Tu ne perçois pas toujours celles-ci, mais les autres se chargent de te les renvoyer ainsi, avec leurs remarques. Tous ces commentaires sur ta manière de te coiffer, de t'habiller, de manger, de parler, et même, pire, sur ton corps (tes seins qui poussent pour les filles, ta voix qui mue pour les garçons, par exemple) ne sont pas systématiquement désagréables, mais souvent ironiques, et en tout cas ils te dérangent. Justement parce que tous ces changements te rendent hypersensible, la moindre remarque te blesse.

▸ + de 15 ans

Passé cette période difficile de la puberté, on est plus à l'aise avec soi-même, et on trouve plus facilement la repartie, drôle et bien envoyée, qui saura faire taire les commentaires, ou alors on s'en fiche et on laisse dire...

▸ Que faire ?

- Se défendre

La mise en boîte systématique est parfois le mode de communication préféré de certaines personnes, voire de familles entières. Si c'est le cas chez toi, essaie de dire calmement et sérieusement que tu ne le supportes pas. Ceux qui t'aiment en tiendront compte.

- Ne pas servir de bouc émissaire

Si cela se passe en classe, n'oublie pas que les adultes (CPE, prof principal...) sont là pour t'aider. Ils ne savent pas toujours ce qui se passe entre vous ; si tu parles, ils peuvent faire attention et intervenir sans que personne ne sache d'où vient l'information. De même, si tu vois un autre jeune souffrir, il faut en parler aux adultes.

- Se blinder

Si tu sais qu'il n'y a rien de vraiment méchant dans les réflexions que l'on te fait mais que tu es d'une susceptibilité exacerbée, essaie de laisser dire. Mieux encore, renvoie l'attaque avec humour. Savoir mettre à distance ce qui nous dérange est une force dans la vie !

- Écouter, au-delà de l'agacement

Peut-être as-tu besoin d'être toujours contre tout ce qu'on te dit ? Quand quelqu'un te fait une réflexion déplaisante, ou que tu n'as pas envie d'entendre, demande-toi quel petit bout de vérité est caché dedans. Cela peut t'être utile...

- En parler avec un professionnel

S'il est impossible d'avoir des relations détendues en famille, de se parler autrement qu'en se moquant ou en s'agressant les uns les autres, il faudrait peut-être envisager une consultation familiale (voir VIII, Comment se faire aider ?). Ton entourage prendrait ainsi conscience qu'il y a un réel problème de relations et de communication. Mais avant d'en arriver là, un ami ou un proche de la famille peut aussi faire observer qu'il y a d'autres façons de communiquer.

▸ La bonne stratégie

Prends un cahier et note chaque jour combien de fois tu t'es senti(e) énervé(e) ou blessé(e). Si c'est plusieurs fois par jour, il y a un problème. Est-ce toi qui es susceptible ou ton entourage qui est franchement embêtant ? Est-ce seulement dans ta famille, ou de la part de tout le monde ? Demande à tes frères et sœurs s'ils ressentent la même chose. Et à tes amis.

▸ Signal d'alerte

Si tu prends tout de travers, que tu te sens persécuté par toutes les réflexions, que tu t'enfermes dans ta coquille : parles-en avec quelqu'un qui pourra t'aider à comprendre pourquoi ces réflexions te font tant de mal.

12

Je me sens différent(e) des autres

Les autres ont l'air tellement naturels, tout paraît simple pour eux, tandis que moi, je me fais tout le temps des nœuds dans la tête. J'ai l'impression que personne ne peut me comprendre, puisque je suis différent des autres...

▸ Que se passe-t-il ?

Adolescent, on prend conscience peu à peu de la personne que l'on est, avec toute son originalité. Avoir le sentiment d'être différent des autres est donc normal, puisque chaque personnalité est unique, et à ce moment-là tout particulièrement. On a même envie d'être un peu original ! Mais on ressent aussi le désir exactement contraire, à cause du besoin d'appartenir à un groupe, d'être au chaud dans une communauté de gens proches et solidaires. D'où ce rejet des différences, et ce sentiment parfois d'être un animal étrange. Tout le monde, à un moment de sa vie, a éprouvé cette impression plus ou moins fortement, mais en la cachant bien parfois. Devenir adulte, c'est justement accepter sereinement les différences.

▸ Les filles et les garçons

Les filles ont en général plus de facilité à communiquer que les garçons, et du coup elles parlent plus de leurs difficultés avec les autres. Cela ne veut pas dire qu'elles en ressentent moins.

+ de 15 ans

La puberté terminée, on éprouve moins le besoin de marquer son territoire, d'insister sur ses différences. Il est plus facile de s'intéresser à ce que pensent les autres. On communique mieux avec eux et on partage ce qui est commun à tous.

Que faire ?

- Ne pas se résigner

Tout le monde a besoin de relations avec les autres : il faut chercher à retrouver le contact avec ceux qu'on apprécie. Quelques mots échangés sur la difficulté de se comprendre entre êtres humains permettent de se redonner mutuellement confiance en soi, de se sentir solidaire dans les difficultés !

- Lire les mots des autres

Les plus grands poètes ont trouvé des mots pour exprimer la solitude et l'incompréhension qu'ils ressentaient... Ce qui leur a donné le moyen de nous parler encore aujourd'hui ! « Je est un autre » disait Rimbaud.

À ne pas faire

Se replier sur un très petit groupe de copains qui s'habillent pareil, qui ont les mêmes goûts, qui écoutent la même musique et refuser de voir autre chose. C'est une manière de s'exclure encore plus. Mieux vaut avoir le courage de se demander pourquoi on est si mal avec les autres.

▸ Signal d'alerte

Si à 16 ou 17 ans on se sent toujours aussi étranger aux autres, si on se sent continuellement persécuté, cela témoigne d'une vraie difficulté à partager des relations, des émotions avec ses semblables. Si la souffrance devient permanente, il faut alors comprendre son origine pour améliorer les choses. Par exemple, en en parlant avec un adulte que tu aimes bien, avec qui tu te sens assez à l'aise, éventuellement avec un psy.

13

Je déteste être seul(e)

L'idée d'un dimanche après-midi sans projet me fait peur. Quand je suis seul(e), je me jette sur le téléphone pour appeler un copain ou une copine. Je zone avec les copains à la sortie du collège, parce que rentrer dans une maison vide me fait peur...

▸ Que se passe-t-il ?

Être au milieu des autres, même sans rien faire de particulier avec eux, c'est sentir autour de soi des gens pour qui l'on compte. Quand on est seul, au contraire, il ne faut compter que sur soi. Et si en plus on ne s'aime pas vraiment, on n'a pas très envie d'être en compagnie de soi-même !

Ce n'est pas si facile d'affronter la solitude, certains adultes n'y arrivent pas plus que toi. Pour ne pas éprouver d'angoisse ni d'ennui, il faut être bien dans sa tête, avoir envie de réfléchir sur soi-même, de se poser des questions, de les explorer... Il faut savoir se fabriquer une sorte de cinéma intérieur et avoir du plaisir à le regarder, à imaginer la suite...

Es-tu capable d'affronter la solitude ?

Tes parents partent un dimanche chez des amis à eux ; il n'y aura pas de jeunes de ton âge :

1. Tu vas avec eux parce que ça n'est pas drôle de passer un dimanche seul, mais tu râles parce qu'on ne tient pas compte de toi.

2. Tu restes et tu invites tous tes copains à passer la journée chez toi, en louant quatre DVD.

3. Tu te fais inviter par un copain pour le déjeuner, et tu iras après t'être débarrassé de ton boulot.

4. Tu refuses, parce que tu as justement un truc à terminer, et tu en profites pour monopoliser l'ordi familial, écouter de la musique, ou bien étaler ta prochaine tenue de fête au milieu du salon, pour y coller des paillettes.

Oui à la première affirmation ? Essaie de comprendre pourquoi la solitude est pour toi synonyme de malaise…

Oui à l'une des deux affirmations suivantes ? Rester seul est difficile pour toi, ce qui t'oblige à multiplier les rencontres pour t'en protéger. Parles-en avec des amis, par exemple en leur demandant de faire aussi le test, pour creuser avec eux le sujet.

Si tu réponds oui à la dernière affirmation, c'est que tu sais bien gérer la solitude.

▸ Que faire ?

- Cultiver la solitude

Apprécier la compagnie des autres, c'est bien ; mais savoir de temps en temps cultiver sa capacité à être seul, en ne bourrant pas toujours son emploi du temps avec des activités collectives, c'est une véritable force.

- Faire surgir les idées

Quand on est seul, on peut se laisser aller à rêver, à imaginer, à construire des scénarios. C'est intéressant de voir ce que cela donne. Les grands créateurs ont tous fait cette expérience de voir les bonnes idées surgir de la solitude. C'est une façon de s'étonner soi-même, avec des idées qu'on réalisera peut-être un jour, de découvrir ses propres passions.

La bonne stratégie

Pour dissiper cette inquiétude, il faut l'affronter directement, mais en s'aidant avec des armes : mettre de la musique pour s'endormir, prévoir une bonne BD, décider de se raconter à soi-même un bon moment passé, écrire les pensées qui passent par la tête... C'est une manière de se libérer de celles-ci, et l'on peut ensuite trouver le sommeil tranquillement !

Signal d'alerte

Attention de ne pas accepter n'importe quoi avec n'importe qui sous prétexte de ne pas rester seul.

14

J'ai des angoisses

Mon cœur bat à toute vitesse, je transpire, j'ai les mains qui tremblent... J'ai envie de courir pour m'échapper, mais j'ai l'impression d'être cloué sur place. Tout cela au moment d'entrer en classe ou de monter dans un bus...

▸ Que se passe-t-il ?

Une angoisse, c'est une peur qui semble n'avoir aucune cause. On est mal, tendu, on a l'impression qu'une catastrophe va arriver, que le monde va s'écrouler, on a peur de s'évanouir ou même de mourir. Cela peut arriver n'importe quand, et se manifester aussi bien mentalement que physiquement. Dans certains cas, l'angoisse se fixe sur un objet ou une activité en apparence sans danger : c'est la fameuse phobie des araignées, qui fait rire seulement ceux à qui ça n'est jamais arrivé, ou la peur de prendre des transports en commun. Et cela peut arriver aussi bien sûr au moment de passer des examens.

Entre un petit coup de stress lié à des raisons évidentes, et de grandes angoisses répétées, il y a clairement une différence. Mais l'angoisse a des liens étroits avec l'anxiété, et avec la dépression. Elle peut aboutir à des maladies psychiques. Ces crises d'angoisse peuvent être calmées un petit moment par certains produits (alcool, haschisch). Mais quand on consomme ces produits pour calmer l'angoisse, cela entraîne une dépendance pire encore.

+ de 15 ans

Un ou deux adolescents sur vingt font cette expérience désagréable, plutôt durant les années de la puberté. En général, après la puberté, les crises d'angoisse s'estompent et on se sent mieux !

> **Filles et garçons**
>
> *À chacun sa manière spécifique de réagir quand l'angoisse est intense. La réaction, chez les garçons, est souvent de prendre leur deux-roues et de foncer, ou encore d'essayer de la « noyer » dans une bière ou la fumée des cigarettes... Les filles, elles, tentent de faire cesser le malaise en se blessant, en se coupant. Elles ont l'impression qu'une vraie douleur physique, bien visible, pourra soulager ce mal-être envahissant et diffus. Ces moyens semblent efficaces sur le moment, mais pour peu de temps. L'angoisse réapparaît, le besoin de recommencer aussi.*

Que faire ?

- Regarder l'angoisse en face

L'angoisse est comme de l'eau dans une cocotte-minute : plus on tente de visser solidement le couvercle, c'est-à-dire d'enfermer en soi-même ses peurs, plus la vapeur s'amplifie et bouillonne à l'intérieur. Ce n'est donc pas une solution...

- Éviter d'éviter l'angoisse

Il ne faut pas essayer de supprimer toutes les situations où elle apparaît. Par exemple, ne plus prendre les transports en commun, ne plus aller en classe, ne plus entrer dans sa chambre si quelqu'un n'a pas fait avant l'inspection des lieux pour débusquer les éventuelles petites bêtes. Ce ne seraient que des solutions très provisoires qui empoisonnent la vie

sans pour autant résoudre ton problème car l'angoisse trouvera toujours le moyen de réapparaître.

- Sortir, et parler !

Pour vaincre l'angoisse, il ne faut surtout pas rester seul avec elle. Quand ça ne va pas, quand on la sent monter en soi, il faut sortir de sa bulle, aller discuter avec ses parents, avec un adulte qu'on aime bien, avec des copains...

- Représenter son angoisse

On peut aussi essayer de comprendre ce qui a déclenché l'angoisse. Crayon à la main, en se laissant aller à associer des idées, à dessiner ; ou avec un instrument de musique, en laissant venir les rythmes. Pour exprimer, par des moyens dérivés, ce qui « fait flipper » intérieurement. Donner une représentation à cela aide à se sentir mieux.

Déprime ou dépression ?

Pour chaque thème, choisir entre 1 et 2.

Forme

1. Tu n'as pas la forme, mais si une copine t'appelle au téléphone, ou si tu te mets à ta batterie, tu retrouves le moral ?

2. Les larmes te viennent aux yeux pour n'importe quoi, et rien ne t'intéresse plus ?

Études

1 : Tension, énervement, manque de concentration et d'intérêt, ça ne va pas fort en classe ?

2. Tes résultats sont en chute libre, impossible d'ouvrir un bouquin et de comprendre ce qu'il y a dedans ?

Relations avec les autres

1. Quelquefois tu te sens vraiment seul et incompris de tous, mais quand tu arrives à le dire à un(e) ami(e), cela va mieux ?

2. Cela fait bien longtemps que tu n'as pas rigolé avec des copains, et encore plus que tu ne t'es pas confié à quelqu'un, même à tes parents. Tu te sens horriblement seul et exclus ?

Nourriture

1. Rien ne vaut une bonne tartine de Nutella pour se redonner la pêche, alors tu craques ?

2. Rien ne te fait envie et tu n'arrives pas à avaler ; ou au contraire, tu te goinfres en permanence, alors que tu n'as même pas faim ?

Sommeil

1. C'est horriblement dur de se réveiller le matin, mais à la récré de dix heures, ça commence à aller mieux ?

2. Dès que tu te couches, des pensées angoissantes t'envahissent, tu n'arrives pas à t'endormir et tu es réveillé par des cauchemars ?

Image de soi

1. Comme tes amies, tu te trouves des tas de défauts, mais ça ne t'empêche pas d'avoir confiance en toi et d'en parler ?

2. Tu te trouves sous-nul, tu ne supportes pas ton physique et le regard des autres sur toi ?

Produits dopants

1. Tu bois facilement un verre d'alcool, ou tu ne refuses pas de tirer sur un pétard, pendant les fêtes, pour être avec les copains ?

2. Pour oublier que ça va si mal, il t'arrive de te saouler, de fumer un joint ou de prendre d'autres drogues, seul dans ta chambre ?

Si tu as plus de 1 que de 2, tu traverses un coup de déprime, dont tu sortiras avec le temps et l'aide de tes amis.

Si tu as plus de la moitié de 2, attention à l'angoisse et à la dépression, tu dois te faire aider.

▸ Signal d'alerte

Pour éviter que l'angoisse prenne le dessus, car l'angoisse crée l'angoisse, il faut en parler, même si c'est difficile et douloureux. Il faut consulter un médecin psychiatre (voir VIII, Comment se faire aider ?). Ceux-ci connaissent bien ces symptômes, et peuvent proposer des traitements : dans certains cas, ce sera des entretiens psychothérapiques, parfois ce qu'on appelle des « thérapies comportementales » (des exercices qui peuvent rapidement soulager les malaises), et parfois il prescrira en plus des médicaments (de ceux qui ont pour action de traiter la dépression et l'angoisse sans entraîner de dépendance).

15

J'ai envie de me faire du mal

Me taper la tête contre les murs, me lacérer la peau, foncer sans réfléchir, en finir une bonne fois pour toutes, crier à tout le monde que je n'en peux plus...

▸ Que se passe-t-il ?

Cette envie de se faire du mal vient avec des pensées qui envahissent de temps en temps : je suis nul, je ne vaux rien, ce serait aussi bien si je n'étais pas là... Dans ces moments où l'on s'aime si peu, on ne se supporte plus, comme si on devenait soi-même son pire ennemi, comme si on voulait se punir de quelque chose. Cela arrive après des disputes avec des copains, avec les parents, après une mauvaise note, après un moment où l'on ne se sent pas très fier de soi, comme lorsqu'on a séché un cours.

On éprouve une sorte de tension en soi qui n'arrive pas à trouver la sortie. Le corps est la seule chose au monde que chaque personne possède entièrement : alors, c'est à celui-ci qu'on s'attaque car une souffrance précise dans une partie de son corps soulage presque la tension.

Filles et garçons

Les filles ont plus souvent envie de se faire du mal à elles-mêmes, et les garçons ont plutôt envie de tout casser, ou de prendre des risques.

▸ Que faire ?

- Garder ses pensées pour soi…

Si ces idées ne viennent que de temps en temps, on peut d'abord les garder pour soi et essayer de les apprivoiser, en sortant voir des copains, en organisant des activités. Si cela marche, tant mieux !

- Accepter de voir le problème

Si ces pensées sont trop envahissantes, et pour ne pas passer à l'acte, tu as besoin de chercher d'où vient le problème. Un psychologue peut t'accompagner dans cette démarche.

▸ À ne pas faire

Ne s'entourer que de copains qui vont mal, et dont on se rapproche seulement pour se sentir moins seul. Vous risquez de vous faire le même cinéma destructeur et de vous enfoncer au lieu de vous aider mutuellement.

▸ Signal d'alerte

Si on est constamment tenté de mettre sa vie en danger, si ce besoin de se faire du mal revient tous les jours et dure dans le temps et si rien ne peut nous en détourner, alors, c'est que le malaise est en train de prendre la forme de la dépression (voir le test p. 66) ou de la violence contre soi-même. Il faut accepter de se faire aider (voir VIII, Comment se faire aider ?)…

Si on a déjà cédé une fois à la tentation de « passer à l'acte », comme un appel au secours, en roulant trop vite ou en avalant trop de médicaments : la difficulté ne se résoudra pas toute seule. Si on ne se fait pas soigner, le risque est grand de recommencer à chaque moment de tristesse de la vie.

16

Je n'ai plus envie de rien

Déjeuner chez les grands-parents ? Non merci... Aller au judo ? Bof... Travailler mon piano ? Sans intérêt... Et même, voir les copains ? Pour faire quoi ?

▸ Que se passe-t-il ?

Ce qui remplissait ta vie et te passionnait quand tu étais enfant ne t'intéresse plus beaucoup, ou plus du tout. Mais tu n'as pas encore trouvé ce qui te plaît vraiment. C'est une période normale d'incertitude et de désintérêt, qu'il faut accepter de traverser, même si elle est inconfortable. Les moments de cafard arrivent à tout le monde.

Évidemment, il n'est pas tout à fait étonnant que tes parents soient sur ton dos lorsque tu ne fais rien ! Ils voient que tu es triste, ils ne comprennent pas pourquoi tu n'es plus l'enfant que tu as été, plein d'énergie et d'envies, et cela les inquiète. Ou bien ils croient que le temps est précieux et trouvent que tu le perds.

▸ Que faire ?

- Profiter du tremplin

Profite de ce passage à vide pour chercher ce qui te fait désormais vibrer. Sois attentif à toi-même, et à d'éventuels nouveaux centres d'intérêt : essaie par exemple les activités inconnues qui se présentent, juste

pour voir, écoute des nouvelles musiques, ouvre de nouveaux livres...

- Ne pas se couper de ses anciens copains

Si on t'appelle pour te proposer une sortie, ou si tu trouves le courage d'appeler toi-même, vas-y ! Quelque chose d'inattendu surgira peut-être, la pompe se réamorcera, et tu recommenceras à faire des projets.

- Mettre des mots sur ce qui arrive

Plutôt que de t'énerver si tes parents sont sur ton dos, explique-leur tranquillement ce qui t'arrive, que tu ne trouves plus en toi l'énergie ni la passion de bouger, mais que tu n'y renonces pas pour autant.

▸ Signal d'alerte

Attention, si cet état s'installe et que tu n'éprouves toujours aucun intérêt pour rien, ni jamais, alors ce qui t'arrive est peut-être de la dépression (fais le test p. 66).

17

Envie de tout casser

Ce bracelet que j'aimais tant, je l'ai cassé en deux. Le prof m'a rendu une copie avec une sale note, j'ai déchiré ma feuille et tapé du poing sur la table...

▸ Que se passe-t-il ?

Tout le monde porte en soi de la violence, mais on est toujours surpris de la reconnaître quand elle surgit. Il faut l'accepter. Accepter ne veut pas dire céder à la violence, ni non plus l'enfouir en soi. Car alors, elle s'accumulerait jusqu'à exploser ! Accepter, cela veut dire reconnaître sa violence pour l'apprivoiser et la transformer en énergie positive.

Les filles et les garçons

Les filles tournent plutôt leur violence contre elles-mêmes, les choses et les gens qu'elles aiment. Mais si on a besoin de s'en prendre ainsi à soi-même, c'est que l'on se sent malheureux et coupable. Si on s'en prend à quelqu'un de proche, qu'on aime bien, c'est aussi une manière de se punir soi-même.

Les garçons s'en prennent plutôt aux autres, dans la bagarre. Cela commence par une rigolade, on s'énerve, et puis vient un moment où l'on ne se contrôle plus. Certains cherchent l'affrontement, pour se sentir les plus forts. Ils risquent de ne jamais pouvoir nouer de véritables relations d'amitié et de tomber un jour sur quelqu'un de plus fort qu'eux.

Il ne faut pas confondre force et violence : la violence apparaît quand on n'arrive pas à contrôler sa force. On en est toujours victime, qu'on la déclenche ou qu'on la subisse.

L'objectif est donc d'imaginer des stratégies pour transformer sa violence en force.

▸ Que faire ?

- Se laisser aller à la violence... dans sa tête

On n'a jamais le droit de se laisser aller à la violence, mais rien n'interdit d'imaginer ce que l'on a envie de faire : « Celui-là, je vais le découper en rondelles. » Quelquefois, cela suffit à se calmer ! Mais attention à ne pas se faire trop de film.

- Faire un pas en arrière

Quand te prend l'envie de tout casser, plutôt que de t'approcher de celui qui t'énerve, rassemble ta force (il en faut beaucoup !) pour faire un pas en arrière. C'est une manière de montrer que tu te maîtrises et de dire à celui qui t'énerve : « Tu vois, je ne réagis pas à la provocation... Je te prouve que je suis le plus fort. »

- Se défouler autrement

Si l'énervement continue à monter, cherche d'autres moyens de te défouler. Donne des coups de pied dans un arbre, tape dans un punching-ball, casse des vieilles planches, va courir dehors, pour te fatiguer physiquement. Tu peux aussi décider de pratiquer un sport de combat, qui t'apprendra à gérer ta force, à recevoir la violence et à la retourner en douceur.

- Regarder en face sa propre violence

Une fois le calme revenu dans sa tête, il faut avoir le courage de se repasser le cours des événements, pour comprendre ce qui s'est passé, et accepter de reconnaître sa propre violence, là où cela a dérapé. Comprendre les raisons de sa violence est déjà une façon de la dominer...

▸ Les bonnes questions à se poser

Sais-tu contre qui ou quoi est dirigée ta violence ? Parents, professeurs, frère ou sœur, toi-même ?

En comprends-tu la raison ?

Est-ce que tu tolères mal de rencontrer des limites, parce que certaines choses sont impossibles ?

Cherches-tu quelqu'un qui te résiste ?

Cherches-tu des limites que tu n'as pas en toi ? Que quelqu'un t'oblige à t'arrêter parce que tu n'y arrives pas tout seul ?

Signal d'alerte

S'il t'est arrivé plusieurs fois de commettre des violences, si tu sens que vient un moment où tu ne te contrôles plus, si frapper et susciter ainsi la peur te donne un sentiment de triomphe, alors il faut que tu demandes de l'aide (voir VIII, Comment se faire aider ?), pour ne pas te laisser entraîner dans l'engrenage de cette violence.

18

J'ai des idées dégueulasses dans la tête

Dès qu'une fille passe, je l'imagine toute nue ; quand mes parents ne sont pas là, je surfe sur les sites porno ; en classe, je ne peux pas m'empêcher de choquer en faisant des sous-entendus salaces...

▸ Que se passe-t-il ?

Comme ton corps, ton imaginaire se transforme. Les idées « caca-boudin » de l'enfance deviennent carrément des scènes très osées, des idées de destruction, de sadisme, des fantasmes de faire l'amour n'importe quand, n'importe où, avec n'importe qui... C'est une manière d'explorer l'univers de la sexualité que d'inventer des situations, de laisser venir des idées bizarres sur le sujet. Que ce soit volontaire ou non, à l'adolescence, c'est normal, même si ces images qui t'envahissent parfois te troublent beaucoup et te font vaguement honte. Les autres en ont sans doute d'assez semblables, et personne ne peut les deviner, ni chez eux ni chez toi ! Tant qu'il s'agit de se faire du cinéma dans sa tête, on a le droit de penser ce que l'on veut.

▸ + de 15 ans

Cela concerne plutôt les garçons (ou les filles) de 12 ou 13 ans. À 15 ou 16 ans, on se demande comment arri-

ver à un échange amoureux vrai et, à 17 ans, on aimerait tout connaître de l'amour.

▸ Que faire ?

• Protéger son intimité

Ces idées, même si elles semblent farfelues, font partie de la découverte de l'excitation sexuelle à l'adolescence. Elles t'appartiennent, et ne regardent pas les autres.

• Respecter l'intimité des autres

En revanche, tu ne dois pas imposer aux autres, ni en paroles ni en gestes, les fantasmes qui te traversent la tête. Et tu n'as pas non plus à accepter les exigences des autres dans ce domaine.

▸ À ne pas oublier

La sexualité ne se réduit pas à la pornographie, dans laquelle on s'enferme vite si on ne pense qu'à cela. Vivre sa sexualité, c'est partager une relation amoureuse, s'ouvrir à l'autre, découvrir toujours quelque chose de nouveau dans l'autre et en soi-même. Celui ou celle dont tu es amoureux(se) n'est pas un acteur de film porno, dont la seule fonction serait de jouer le rôle que tu lui imposes.

▸ Signal d'alerte

Si tu as l'impression que tu ne peux pas avoir de plaisir sans faire appel à ce genre d'idées, par exemple si tu ne peux pas te masturber autrement, si ces fantasmes deviennent obsédants, si tu ne regardes plus que des sites porno, et que tu te sens enfermé là-dedans... Si tu as des idées de pénétration incestueuses (avec ton frère, ta sœur...), alors cela peut gêner ton épanouissement affectif. Une aide psychologique est souhaitable et même indispensable.

19

J'invente toujours des histoires

Les mots dépassent ma volonté, et la réalité. Je m'entends dire que je suis allé au concert de la chanteuse dont je suis fan, alors que j'en ai seulement très envie.

Je me perds dans des explications compliquées pour ne pas annoncer une mauvaise note à mes parents. Et je ne sais plus comment me dépêtrer de mes mensonges.

▸ Que se passe-t-il ?

La vie imaginaire est souvent plus agréable que la réalité : cela fait du bien de se laisser aller à ses fantaisies sans jugement ! Rêver ainsi est une manière de se protéger de la réalité, de se reposer, de se refaire des forces. On se replie sur soi-même, en se fabriquant des aventures agréables où l'on a le beau rôle.

Mais nous ne maîtrisons pas tout de nos pensées : il y a en chacun de nous une part vivante et insaisissable, que l'on peut appeler « pulsionnelle », qui jaillit dans ces rêves éveillés. Pour ceux qui sont curieux de ce qui se passe en eux-mêmes, c'est intéressant à observer, et il n'est pas inquiétant de ne pas tout contrôler. Cependant, ces rêveries ne doivent pas nous envahir au point de prendre la place de la vraie vie. Il faut en garder le contrôle, les limiter aux pensées, sans passer la barrière de la réalité, sans les mettre en actes.

Il n'est pas désagréable non plus d'attirer l'attention des autres en racontant des histoires. À condition de ne pas arriver au point de ne plus savoir démêler l'imaginaire de la réalité. Cela devient alors de la mythomanie : pour étonner, se faire remarquer ou cacher des problèmes, on se met en scène, on invente des histoires. Cela entraîne très vite des situations inextricables. Les autres finissent par le repérer, et par vous enfermer dans cette image. Plus personne ne croit « le mytho » de service.

▸ Les bonnes questions à se poser

Pourquoi t'es-tu ainsi engagé dans des histoires tordues ?

Cela s'est-il déjà produit plusieurs fois ?

Qu'est-ce que tu cherchais ainsi à éviter ?

Quels bénéfices en attends-tu ?

Est-ce pour cacher quelque chose dont tu as honte ?

Est-ce parce que tu te sens nul, inintéressant pour les autres ?

▸ Que faire ?

- Ne pas se duper

Les rêveries font du bien tant qu'on est capable de faire la différence entre la vraie vie et les rêves, tant qu'on est capable de contrôler ce que l'on dit aux autres de soi-même. Tant qu'on est capable aussi le reste du temps de vivre dans la vraie vie, d'y trouver de l'intérêt et du plaisir !

- S'attaquer aux vrais problèmes

Si on raconte des histoires aux autres parce qu'on se sent trop mal, trop nul, parce qu'on a honte de soi ou de sa famille, il faut plutôt s'attaquer aux manières possibles d'améliorer la situation, pour ne plus avoir besoin de la dissimuler derrière des mensonges. Les histoires n'auront jamais le goût de la vraie vie !

- Trouver les moyens d'arrêter

Si tu te sens complètement envahi(e) par les histoires que tu fabriques, au point de ne plus savoir très bien discerner le vrai du faux, si tu te sens piégé ensuite par ce que tu as raconté, si tu as honte de tes mensonges, si tu es obligé d'en rajouter constamment, il faut trouver les moyens d'arrêter l'escalade. Pose-toi les bonnes questions (voir ci-dessus) et essaie d'y répondre. Tu pourras déjà trouver en toi les ressources qui te permettront d'éviter de raconter des bobards auxquels plus personne ne croit. Et exploite tes talents autrement : en écrivant des histoires ou des scénarios !

▸ La bonne stratégie

L'humour est la meilleure et la plus honorable des portes de sortie ! Tu peux simplement décider d'en finir une bonne fois pour toutes. Quand quelqu'un te reparle de tes histoires, tu réponds : « Ah, je vous ai bien eu ! vous m'avez tous cru ! » Il y a de bonnes chances pour que plus personne n'en parle, parce que tout le monde se sentira un peu bête.

Mais attention : si les autres ont repéré ton côté un peu mythomane, ils vont essayer de te coincer, pour que tu en rajoutes encore et encore dans tes histoires. Alors, cela demande vraiment du courage pour ne pas mordre à l'hameçon de la provocation. Montre bien que tu te désintéresses désormais de tout cela...

▸ Signal d'alerte

À aucun moment, ni avec personne, tu ne peux être vrai ? Tu es toujours embarqué dans des relations fausses qui te font souffrir ? Dès que tu es seul, les pensées qui te viennent à l'esprit te semblent étranges, te font peur ? Il s'agit alors d'une forme de maladie que l'on appelle la mythomanie. Tu dois en parler à un médecin (voir VIII, Comment se faire aider ?). Il est possible et tellement mieux de vivre en paix avec ses pensées !

20

Je fais des cauchemars

Quelquefois c'est un cauchemar d'enfance, presque oublié, qui tout d'un coup revient, apportant avec lui la peur d'autrefois. Parfois, c'est un nouveau scénario au répertoire, avec des éléments de la vie d'aujourd'hui, mais qui revient régulièrement, au point d'habiter toute la pensée...

▸ Que se passe-t-il ?

Le cerveau continue à travailler pendant le sommeil. Toutes les pensées qui s'agitent dans la tête durant la journée se réorganisent la nuit à travers les rêves. Freud, le fondateur de la psychanalyse, disait qu'il avait découvert l'existence de l'inconscient à travers ses propres rêves. Il y a des gens qui rêvent beaucoup, et d'autres moins. Le plus souvent, on oublie ses rêves ; ils font partie de l'inconscient, et vont se ranger dans une sorte d'armoire à souvenirs, dans un coin de notre tête. En général, les rêves apparaissent étranges : des éléments, des lieux ou des personnes sont bizarrement assemblés. Dans le cauchemar, la tonalité du rêve est anxieuse. Quelquefois, il est très frappant, il a une signification intense. Cela peut être une manière d'évacuer la peur ou la terreur après avoir vu un film d'horreur, par exemple. Si un rêve revient régulièrement, et encore plus un cauchemar, c'est qu'il révèle quelque chose de spécial, d'important, qui s'échappe ainsi de l'inconscient. Quelque chose que tu dois essayer de comprendre pour que ce cauchemar cesse.

+ de 15 ans

Des rêves angoissants, qui contiennent des meurtres, des accidents, des scènes sexuelles, même parfois incestueuses... et qui reviennent de manière répétitive, signifient peut-être que quelque chose « coince » dans la traversée de l'adolescence. Comprendre de quoi il s'agit permet d'affronter le vrai problème, et les cauchemars disparaîtront ensuite tout seuls.

Que faire ?

- Interpréter ses rêves

De tout temps, les hommes ont cherché à comprendre, interpréter les rêves. Si on décide d'écouter ce que veulent dire nos rêves, on peut alors les noter en se réveillant la nuit ou même le matin, y repenser le lendemain, associer les idées que cela suggère, pour comprendre où ils mènent.

- Trouver un interlocuteur

Raconter ses rêves à quelqu'un peut aider à leur donner du sens et à mieux comprendre les messages que notre inconscient nous adresse. Pour un travail plus approfondi ou en cas de cauchemars perturbants, mieux vaut s'adresser à un professionnel, un psychologue ou un psychiatre par exemple.

Signal d'alerte

Si la tonalité d'un cauchemar est très angoissante, si celui-ci revient régulièrement, c'est-à-dire par exemple deux ou trois fois par semaine, si on commence à retarder le moment de s'endormir parce qu'on redoute ce cauchemar, si on se réveille mal à l'aise ou accablé, il faut comprendre ce qu'il signifie, avec quelqu'un. Surtout si, par ailleurs, d'autres choses vont mal dans la vie quotidienne (crises d'angoisse par exemple). Alors, les cauchemars sont un symptôme de malaise psychique.

III

Ma vie

21

Je n'ai pas assez d'argent

Pour prendre un pot avec des copains, aller au cinéma, acheter le même pull qu'une copine... Je n'ai pas assez d'argent. Je ne peux pas m'offrir la même chose que les autres !

▸ Que se passe-t-il ?

Tes besoins évoluent et augmentent, tu éprouves donc plus qu'avant des désirs, et tu remarques davantage ceux qui possèdent déjà les baskets de marque ou le téléphone portable qui te font envie. Il suffit que quelques-uns portent des fringues de marque et en soient fiers, pour que cela devienne un enjeu, un désir pour tout le monde. Le problème, c'est que le désir fonctionne comme une spirale : il en faut toujours plus !

Les différences de revenus sont importantes dans notre société, tes parents sont peut-être moins riches que d'autres, et c'est alors difficile à vivre pour toi. Mais personne n'a de moyens illimités : personne ne peut toujours s'offrir tout ce qu'il désire. L'essentiel est peut-être de disposer d'assez d'argent de poche pour avoir une vie sociale avec tes amis.

▸ Que faire ?

- Mettre les comptes sur la table
Regarde autour de toi, et fais une rapide enquête pour

savoir de combien d'argent disposent tes cinq ou huit meilleur(e)s ami(e)s. Attention quand même à ceux qui se vantent ou en rajoutent ! Puis fais le test ci-dessous.

As-tu assez d'argent de poche ?

(Attention : ceci n'est qu'un exemple, valable uniquement pour des jeunes privilégiés vivant dans les pays occidentaux du XXIe siècle !)

Peux-tu aller au cinéma une fois par mois ?

Ou acheter un magazine, un CD dans le mois ?

Ou prendre un pot chaque semaine avec des copains ?

Ou t'offrir une fois de temps en temps des bonbons, ou du vernis à ongles ?

Ou faire un petit cadeau à ta meilleure copine pour son anniversaire ?

Ou, si tu as un téléphone portable, envoyer trente « textos » dans le mois ?

Si tu as 12 ans, et que tu réponds oui à deux au moins de ces questions, tu n'es pas trop à plaindre...

Si tu as 15 ans, tu devrais pouvoir répondre trois fois oui.

Si tu en as 17 ou 18, tu peux trouver toi-même les moyens de t'offrir ce dont tu as envie !

- Parler d'argent avec tes parents

Si tu penses que le manque d'argent t'empêche de vivre, que tu es obligé d'en demander trop souvent, et de rendre des comptes, parles-en avec tes parents, explique tes raisons. C'est à toi de sentir s'il leur est possible financièrement de t'en donner plus. À toi ensuite de bien gérer ton budget mensuel, pour montrer que tu ne gaspilles pas l'argent qui t'est donné.

- Demander de l'argent en cadeau

Cela tombe bien, parents, grands-parents, oncles et tantes ne savent pas toujours très bien quoi t'acheter pour Noël ou ton anniversaire : propose-leur de t'offrir une contribution à ton budget-loisirs. Il te reste ensuite à bien gérer tes ressources.

- Résister à l'esclavage des marques

Il est tout à fait possible de résister à la tentation des marques et d'en faire même une philosophie. Pourquoi payer très cher juste pour une étiquette ? Et le top, n'est-ce pas de débusquer à petits prix des vêtements qui feront autant d'effet que des vêtements griffés ?

- Dépasser les problèmes d'argent

Si l'argent crée des différences dans les modes de vie entre tes copains et toi, il faut avoir le courage de dire : « Non, ça, je ne peux pas... » Cela n'a rien de honteux, et tu n'es peut-être pas le seul dans ce cas. Si ce sont des vrais amis, les autres s'adapteront à tes moyens pour vos sorties communes.

- Compenser autrement

Lorsqu'on n'a pas beaucoup d'argent, il faut essayer d'être fort dans un autre domaine : être bon en classe, sportif, drôle, être un bon copain... Dans la vie, l'intelligence est la seule vraie ressource : il y a beaucoup de gens qui ont réussi des choses extraordinaires, justement pour compenser le manque d'argent.

▸ Signal d'alerte

Si ton besoin d'argent est tel que tu te sens prêt à faire n'importe quoi pour t'en procurer, attention de ne pas céder à la tentation. Demande-toi sérieusement ce que l'argent représente pour toi. Penses-tu vraiment que l'on mesure la valeur de quelqu'un à son porte-monnaie ?

▸ + de 15 ans

On peut aussi arrondir son argent de poche, en le gagnant soi-même. Avant 16 ans, on n'a pas le droit de travailler officiellement, mais on peut se proposer pour garder des enfants, aider des commerçants sur les marchés, promener des chiens, tondre la pelouse des voisins, contre un peu d'argent... Ensuite, c'est possible, avec l'autorisation des parents (voir VIII, Comment se faire aider).

Ce qu'on peut s'offrir avec l'argent gagné par soi-même a encore plus de valeur !

22

Je me suis fait racketter

Ça s'est passé à toute vitesse et personne ne s'en est rendu compte (pis, tout le monde dans la rue a fait semblant de ne rien voir !). Ils étaient deux, plus forts que moi, et j'ai été obligé(e) de leur donner mon MP3, ou mon portefeuille.

Dans un coin du collège, une bande de grands est venue me menacer si je parle...

▸ Que se passe-t-il ?

C'est une expérience douloureuse à vivre : on a eu très peur, on est humilié, on a honte, on n'a pas envie d'en parler, parce qu'on craint de passer pour un faible ou pour un lâche. Dans sa tête, on imagine qu'on aurait dû se défendre, être le plus fort ; l'envie vient de se venger. On se reproche de n'avoir pas su se battre, pas eu les bons réflexes. Et cela fait mal de revivre les mêmes choses en y repensant, en le racontant.

Quelquefois aussi, on a eu si peur que c'est très difficile de sortir de nouveau dans la rue, de retourner au collège, de reprendre une vie normale. Au pire, cela se traduit même par des cauchemars, des angoisses, des crises de larmes.

▸ + de 15 ans

Le racket touche particulièrement les garçons, avant 14 ou 15 ans : ils ont déjà des choses intéressantes sur eux, comme des vêtements de marque ou de l'argent, mais ils n'ont pas encore la force et la taille pour se défendre des plus grands. Ceux-ci préfèrent s'attaquer à eux et à ce qu'ils possèdent plutôt qu'aux filles du même âge. Après 15 ans, comme par hasard, ils seront moins souvent attaqués...

▸ Que faire ?

- En parler

Il faut absolument parler de ce qui t'est arrivé : à tes frères et sœurs et copains, aux adultes qui sont responsables de toi. Cela n'a rien à voir avec une « dénonciation ». Et les adultes sont tes alliés dans la lutte contre la violence.

- Ne pas se laisser envahir par la peur

Si tu te tais, la peur va s'installer en toi, et c'est alors que les racketteurs auront gagné. On ne peut pas vivre en rétrécissant sa vie, en ne sortant plus, par peur que cela recommence.

- Porter plainte

Il est important de prévenir les autorités : adultes responsables de ton collège ou lycée, gendarmerie, commissariat de police le plus proche. Pour porter plainte, tu dois être accompagné d'un de tes parents, ou, à défaut, d'une personne majeure.

En effet, si personne ne parle, comment les racketteurs pourraient-ils être arrêtés ? Ta plainte donne les moyens à la justice de faire son travail, et évite à d'autres d'être attaqués à leur tour. Dans le cas de racket, c'est faire preuve de courage que de le dénoncer.

- S'obliger à reprendre une vie normale

Dès le lendemain, il faut se forcer à retourner sur les

lieux de l'agression, en se faisant accompagner par quelqu'un de confiance et, au bout de quelques jours, il faut reprendre une vie normale.

▸ Signal d'alerte

Si tu continues, au bout de quelques jours, à penser sans cesse à ce qui t'est arrivé, à avoir peur de sortir, à imaginer que chaque jeune croisé dans la rue risque de t'attaquer de nouveau, c'est que tu présentes un « syndrome post-traumatique » : tu es enfermé dans des réactions en boucle (cauchemars, angoisses, crises de larmes...), qui ne disparaîtront pas toutes seules. C'est une réaction bien connue et qui peut se soigner : il faut aller voir un médecin, qui te proposera le soutien dont tu as besoin pendant un moment.

▸ À ne pas faire

- De la provocation

Apporter en classe de grosses sommes d'argent, ou exhiber fièrement les baskets à 100 ou 150 euros dont tout le monde a envie, c'est provoquer ceux qui ne peuvent pas se les offrir, et risquer de se les faire voler...

- La justice soi-même

Même s'il est naturel d'avoir envie de se venger, la loi de notre société veut qu'on ne se fasse pas justice soi-même. Un adulte, au nom de cette loi, a mission de s'interposer entre l'agresseur et la victime. Sinon, tout le monde se taperait dessus !

▸ La bonne stratégie

Pour se sentir plus en sécurité dans la vie en général, on peut apprendre à se défendre soi-même, en s'inscrivant par exemple dans un club de judo ou de karaté.

Signal d'alerte

Si ce racket recommence plusieurs fois, si tu te rends compte que tu en es victime plus souvent que les autres, si, de plus, tu te sens rejeté et mal à l'aise parmi les autres de ton âge, il ne faut pas t'enfermer dans cette situation. Les adultes peuvent t'aider à en sortir. Par exemple, si tu te sens menacé dans ton collège ou lycée, il est possible d'en changer. Cela se fait régulièrement dans ce cas-là en particulier, même si personne n'est au courant, sauf les intéressés.

23

On me siffle dans la rue

Je marchais tranquillement dans la rue. Et puis je me suis sentie observée : deux hommes à la terrasse d'un café me suivaient du regard avec l'air de me déshabiller. Quand j'ai dû passer devant eux, ils ont sifflé, en rigolant.

▸ Que se passe-t-il ?

Tu te sens toujours la même à l'intérieur, mais pourtant on te regarde différemment. Il faut le savoir, car la manière dont tu t'habilles peut prendre maintenant un autre sens. Minijupe, débardeur, nombril à l'air... attirent les yeux. Les hommes qui te regardent ainsi avec insistance te trouvent sans doute belle et attirante et le manifestent en sifflant sur ton passage. Ce n'est certes pas une façon très élégante de rendre hommage à ta jeunesse et à ta beauté, et ces siffleurs manquent pour le moins de délicatesse. Tu n'y es pour rien, c'est eux qui sont ridicules. Et, heureusement, tous les hommes ne se comportent pas de cette façon-là !

▸ Que faire ?

- Se rassurer

Au-delà de la surprise de la première fois, si tu te sens en sécurité dans ta ville, que cela ne t'empêche pas de circuler comme tu en as envie. Prends ces sifflets pour ce qu'ils sont, ni plus ni moins, et poursuis ton chemin.

- Décourager les avances

Ce genre de manifestation te dérange ? Joue l'indifférence ! En général, cela suffit pour décourager les avances. Ces hommes cherchent le moyen d'entrer en relation avec toi. Ils verront ainsi tout de suite que tu n'en as pas envie.

- Éviter d'attirer les regards

Tu as le droit de t'habiller comme tu veux pour te sentir bien. Mais il vaut mieux ne pas attirer les regards par des tenues extraordinaires : réserve ton string ou ta minijupe à la plage, par exemple, où cela n'étonnera personne !

- Maîtriser son attitude

Tu as le droit de ne pas tolérer ces sifflements et de te faire respecter. Si tu veux, remets poliment l'importun à sa place. Mais sache que celui qui siffle n'attend parfois qu'une réaction de ta part pour recommencer !

▸ Signal d'alerte

Tu fais peut-être partie des filles qui ont besoin de se faire remarquer pour avoir l'impression d'exister. Si tu es toujours ainsi sur le mode de la provocation, tu risques de ne pas réussir à avoir des relations vraies avec les autres. As-tu tellement de doutes sur ton apparence physique pour avoir ainsi besoin de la mettre en avant ?

24

J'ai l'impression d'être suivi(e)

Depuis quelques jours, sur le chemin du collège, j'ai l'impression qu'un danger me guette, que quelqu'un me surveille et me suit. Je n'ose pas me retourner...

▸ Que se passe-t-il ?

Cela arrive en général aux filles de 13 ou 14 ans, d'éprouver cette inquiétude d'être suivie. Depuis qu'elles sont toutes petites, on les met en garde contre les dangers de la rue, et il a pu déjà leur arriver d'avoir peur, devant un exhibitionniste ou quelqu'un de violent. Mais surtout, elles commencent à sentir sur elles dans la rue des regards nouveaux, troublants.

▸ Que faire ?

- Se faire accompagner

Si, même sans danger immédiat, tu as peur de te déplacer seule, organise-toi avec des amis pour faire les trajets à plusieurs, en leur demandant de t'attendre à la sortie des cours pour rentrer ensemble à la maison, par exemple.

- Vérifier son impression

Le meilleur moyen pour savoir si tu es suivie est de demander à une copine de te suivre elle aussi, pour vérifier tes craintes.

‣ Signal d'alerte

Cela arrive rarement, mais si c'est vraiment le cas, et qu'une personne te suit ou t'aborde pour t'embêter dans la rue, il faut en parler immédiatement à un adulte responsable de toi. Si tu es dans la rue, tu peux demander à n'importe qui de te protéger (plutôt une femme, elle se sentira un peu un devoir de maman envers toi !). Tu peux aussi entrer dans un magasin et demander de l'aide. Tu peux même crier très fort « Au secours ! » pour attirer l'attention. Il paraît que « Au feu ! » marche mieux, mais il ne faut pas en abuser !

25

On m'a mis la main aux fesses

Dans la cour de récré, certains garçons ont la main baladeuse. Ils font peut-être ça pour rigoler, mais ça me déplaît.

Dans le bus, un homme m'a mis la main aux fesses, en profitant de la bousculade.

▸ Que se passe-t-il ?

Ton corps t'appartient. Sans ton consentement, de tels gestes, aussi bien de la part de garçons connus que d'inconnus, sont des attouchements, c'est-à-dire un délit sanctionné par la loi. Il est normal que cela te gêne ou te bouleverse. C'est intolérable et tu as le droit de te défendre.

Pour les garçons de ton âge, c'est plus un jeu pour te déstabiliser et te provoquer. Ce n'est pas très malin, mais ils n'ont pas d'arrière-pensées. En revanche, les adultes qui ont une telle attitude sont perturbés et peuvent être plus dangereux.

▸ Que faire ?

- Ne pas accepter

Tu as parfaitement le droit de ne pas accepter d'être touchée par quelqu'un que tu n'as pas choisi. La plupart du temps, il te suffit de t'éloigner un peu, et le geste s'arrête là.

- Se défendre

Si cela ne suffit pas, refuse en rappelant que c'est interdit, de façon ferme, tout haut. Cela devrait suffire à arrêter les gestes de ceux qui cherchent avant tout à attirer ton attention.

Si ce n'est pas le cas, parles-en à un adulte, tes parents, ou par exemple le CPE ou l'infirmière scolaire. Ils ont le devoir de te protéger.

- Être solidaires entre filles

Si c'est à une copine que cela arrive d'être ainsi harcelée, il ne faut pas se moquer d'elle, ni s'amuser à l'enfoncer, mais au contraire la soutenir, l'aider à en parler, prendre sa défense auprès des garçons.

▸ À savoir

Les individus qui se comportent de cette façon sont tout sauf courageux. Ils s'en prennent plus facilement à une fille qui baisse les yeux et qui n'ose rien dire. Si tu parles haut et fort, ils éviteront de venir t'embêter.

▸ Signal d'alerte

Si cela se passe en classe, il est important que tu protestes rapidement, auprès du CPE et de tes parents. Car si tu attends, si les garçons te sentent timide et incapable de réagir, ils risquent de recommencer encore plus. Certains garçons, un peu agressifs et harceleurs, choisissent des filles qui ne savent pas se défendre pour les embêter.

S'il s'agit d'un homme plus vieux, connu ou inconnu, il faut absolument demander protection à un adulte de confiance, ou même à la police.

26

Je n'ai pas envie de quitter la maison

Voyage de classe en perspective ! Ils sont tous contents de partir, pas moi... Ma meilleure amie m'invite pour les vacances, et je ne sais pas comment refuser.

▸ Que se passe-t-il ?

Tout départ représente une plongée dans l'inconnu, plus ou moins encadrée selon les conditions du voyage. Éprouver de l'appréhension devant l'inconnu, c'est normal. Cela montre simplement que l'on mesure les risques, et permet de mieux s'armer pour les affronter. Mais il faut être capable de surmonter cette peur, pour partir. Sinon, elle oblige à ne jamais bouger, et on rate toutes les aventures de la vie !

Au moment de partir, certains éprouvent bien plus que de l'inquiétude, c'est une véritable angoisse à l'idée de quitter leur environnement et de se séparer de leur famille. Ils sont terrorisés à l'avance, parce qu'ils ont l'impression que cette séparation va provoquer une catastrophe, et sera définitive. C'est un sentiment de menace, une douleur presque physique. Souvent, cette angoisse se transmet en famille : les enfants s'angoissent de l'angoisse de leurs parents.

▸ + de 15 ans

La capacité de se débrouiller seul dans la vie quotidienne, et de s'ouvrir à la découverte du monde, s'acquiert

progressivement entre 12 et 15 ans. Plus on retarde ces expériences importantes, plus l'autonomie sera difficile à conquérir. Et plus on risque de s'enfermer dans un cocon dans lequel on finira par étouffer.

Les bonnes questions à se poser

Es-tu déjà allé(e) dormir une nuit chez un copain ?

As-tu déjà passé un week-end chez une amie ?

T'arrive-t-il d'aller en vacances chez tes grands-parents ?

Es-tu déjà parti(e) en colonie de vacances quand tu étais petit ?

As-tu déjà participé à une classe verte (ou de neige, d'exploration...) ?

As-tu déjà campé ?

Es-tu content(e) d'être invité(e) par quelqu'un que tu aimes bien, en dehors de ta famille ?

Si tu as plus de quatre non, peut-être est-il temps pour toi de conquérir plus d'autonomie ?

▸ Que faire ?

• Affronter la séparation

Il faut trouver la force de passer par-dessus ce moment difficile de la séparation, d'échapper à cette peur qui empêche de vivre. Si on ne réussit pas une première séparation, la suivante risque d'être encore plus difficile. Au contraire, si on y arrive, la deuxième sera plus facile et la troisième vraiment heureuse...

• Se séparer par petites étapes

Pour alléger la séparation, on peut la découper en petites étapes qui apparaîtront moins insurmontables : par exemple, la veille d'un départ en voyage de classe, on peut décider d'aller dormir chez un copain plus détendu, pour partir avec lui. Ou bien, pour ne pas se retrouver seul avec ses parents et l'appréhension du départ, demander à une autre famille de passer nous prendre : il est plus facile de se séparer de ses parents quand on est porté par d'autres, surtout un groupe de copains !

- Ne pas en rajouter avec des disputes

Si on sent l'angoisse monter dans la famille, à l'approche du départ, mieux vaut mettre des mots sur ce qui se passe, pour dédramatiser : « Maman, tu m'angoisses avec toutes tes questions. » Au moment des préparatifs, comme par hasard on se dispute, parce qu'on voit une catastrophe dans chaque oubli : (« Mais maman, je ne peux pas partir sans SEPT paires de chaussettes » ; « Enfin, Jules, tu n'as pas encore fait ta valise ? » ; « on va forcément être en retard »). Ces discussions sont de mauvais prétextes pour masquer la peur de la séparation, et rajoutent de la tension.

- Se faire aider par des médicaments

Il existe des médicaments sans danger qui permettent de diminuer l'angoisse pendant quelques heures, le temps d'affronter le moment du départ. On peut les demander à un médecin.

27

Je n'ai pas envie de déménager

Mon père a trouvé du travail dans une autre ville, et toute la famille doit déménager avec lui.

Mes parents divorcent, et ma mère a décidé de retourner dans sa région. Je fais partie des bagages, alors que je n'ai aucune envie de quitter mon bahut, mes amis...

▸ Que se passe-t-il ?

Tes copains, ta meilleure amie, tes activités entre jeunes sont vitales pour toi. Tellement que cela semble même plus important que ta famille. Tu n'as pas envie de perdre tout cela dans un déménagement et tu ne vois pas bien pourquoi tu abandonnerais tes amis pour suivre ta famille. Pourtant, si celle-ci disparaissait, tu te rendrais compte qu'elle est irremplaçable, alors que tu peux te faire de nouveaux amis.

C'est vrai que c'est dur : on a besoin de copains pour être heureux, et il te faudra du temps pour créer des liens, de la complicité, encore plus pour te faire de vrais amis. Quand on arrive dans un groupe déjà constitué, personne ne vous attend ni n'a besoin de vous. Il faudra supporter un peu de solitude, surmonter ta timidité, être patient, avoir confiance.

Même si cela passe par des moments un peu douloureux, quand on n'a pas de difficultés pour se créer des relations, on finit par s'intégrer. On découvre d'autres manières de

vivre, on fait d'autres expériences. La vie n'est pas tout à fait la même à la campagne, dans une petite ville, à Paris, ou bien encore dans un port. Selon les endroits, on passe plus de temps dehors, on se passionne plus pour le foot ou le rugby, on va plus au cinéma ou au bord de la mer... Au contact de gens différents, on s'enrichit toujours, et on devient moins dépendant d'un seul lieu : c'est ce qui permet d'acquérir de l'autonomie, et te rendra capable plus tard de t'adapter plus facilement à des cadres de vie très différents. Une vraie force !

▸ Que faire ?

- Organiser des retrouvailles

Tu peux demander à tes parents de prévoir un budget « voyages », pour retourner régulièrement voir tes amis là où tu habitais avant, pour maintenir le contact tant que tu en as besoin. Tu peux aussi inviter ta meilleure amie, dès les premières vacances, dans ta nouvelle maison, histoire de vous retrouver.

- Se connecter sur Internet

La première année, fais-toi offrir une connexion Internet illimitée, pour pouvoir communiquer avec tes anciens amis.

- Décider de s'intégrer

En même temps, il faut faire l'effort de t'intégrer dans ta nouvelle vie, même si ce n'est pas facile. En sachant qu'une petite année est nécessaire pour se refaire un groupe d'amis, et même plus pour construire une vraie amitié. Ce ne seront pas les mêmes relations qu'avant, mais on peut s'en faire partout. Peu à peu, tu auras moins besoin de tes anciens amis pour être heureux, et tu profiteras de la richesse des deux groupes !

28

Je me suis fait prendre en train de piquer

Je ne sais pas ce qui m'a pris. Ce truc-là, décidément, me faisait envie, et c'était bien trop cher pour moi.

J'avais fait le pari avec des copains que j'y arriverais. À la sortie du magasin, l'agent de sécurité m'a accroché... Ils ont parlé d'appeler la police, ils ont téléphoné à mes parents...

▸ Que se passe-t-il ?

Tu sais que tu as commis un vol, même si tu n'es pas définitivement un voleur pour autant. Peut-être croyais-tu qu'au milieu d'une telle abondance (de CD, de bonbons, de produits de maquillage...) ce que tu as pris ne se verrait même pas, que cela ne ferait de tort à personne ?

Ou bien voulais-tu prouver ce dont tu étais capable ? Montrer que tu étais au-dessus des lois ? Si, avant que tu te fasses prendre, c'était devenu une habitude pour toi de piquer des gadgets, essaie de te demander ce qui t'y pousse ? Est-ce l'envie d'être plus fort que les autres ? de dominer la peur ? Il y a alors d'autres moyens moins dangereux, et qui procurent encore plus de plaisir !

▸ Que faire ?

- Assumer

  Cela ne sert à rien de nier ou de trouver des excuses,

surtout si on t'a pris en flagrant délit. Il faut avoir le courage de reconnaître ce que tu as fait.

• Faire prévenir ses parents

Les responsables du magasin sont en général excédés par ces vols. Ils vont donc utiliser la menace, pour te faire passer l'envie de recommencer. Essaie de ne pas t'affoler et demande qu'on prévienne tes parents car tu es mineur et ils sont responsables de toi (voir VIII, Comment se faire aider ?).

• Rembourser

C'est le prix à payer... propose à tes parents ou au magasin de rembourser la somme correspondant à l'objet volé, même si cela doit te priver d'autre chose.

- Tirer les conséquences
  Aie l'honnêteté de te dire que le jeu n'en valait pas la chandelle, et décide de ne pas recommencer...

▸ À savoir

Le vol est un délit, passible d'amende et même de prison dans les cas graves.

Cela relève d'une intervention du juge des mineurs, si une plainte est déposée, si les parents en font la demande, ou si le mineur lui-même demande aide et protection.

▸ Signal d'alerte

Si, pour toi, le vol est comme un sport très particulier, tu es sur une pente dangereuse. Il vaut mieux s'arrêter quand il est encore temps et consacrer son énergie à autre chose. En effet, tes vols risquent d'être de plus en plus fréquents, et de porter sur des sommes de plus en plus importantes. Tu ne passeras pas toute ta vie à travers les mailles du filet !

29

Je veux m'arrêter de fumer

À la sortie des cours, il faut que je sorte une cigarette du paquet pour me détendre et rigoler avec les copains... Pourtant, le tabac coûte de plus en plus cher, et je sens bien que j'aurais du mal à m'en passer...

▸ Que se passe-t-il ?

La nicotine, en contractant les fibres musculaires du corps, augmente l'attention et en même temps la vigilance. C'est pour cela qu'on travaille mieux en fumant, et qu'on est de bonne humeur en tirant sur sa cigarette. Celle-ci permet aussi de se donner une contenance, de cacher sa timidité, de montrer qu'on fait partie du groupe et d'avoir les doigts et la bouche occupés.

Filles et garçons

Le tabagisme est resté stable chez les garçons ces dernières années (il ne diminue pas...), mais en revanche il augmente chez les filles, au point de dépasser celui des garçons.

Le problème, c'est que dès la première cigarette fumée du goudron se dépose dans les bronches et s'accumule, risquant de déclencher des cancers beaucoup plus tard, dix ou vingt ans après. Les dangers du tabac sont si souvent

dénoncés que tu les connais sans doute parfaitement, mais ils te semblent bien vagues et très lointains. Le prix des cigarettes augmente aussi constamment et ton argent de poche part en fumée. Bref, tu te demandes régulièrement si tu ne devrais pas décider d'arrêter, et cette fois-ci un peu plus que la dernière fois ?

▸ Signal d'alerte

Plus on commence à fumer jeune (avant 15 ans), plus les risques de dépendance augmentent, et plus cela sera difficile de s'arrêter quand on en aura envie.

▸ Que faire ?

• L'état des lieux

Pour contrôler ta dépendance, tu peux faire l'expérience de la « journée sans cigarettes » : choisis le jour qui te sera le plus facile, un dimanche par exemple, ou une journée que tu passes dans des locaux non-fumeurs, et essaie, comme un défi, de ne pas fumer du tout. Le but n'est pas d'arrêter complètement tout de suite, mais simplement de voir si tu es plus fort que le tabac.

• Reprendre le pouvoir

S'il te paraît évident que la cigarette est devenue plus forte que ta volonté, tu as le choix entre deux solutions : soit tu laisses la dépendance s'installer, et celle-ci ne peut aller qu'en s'aggravant. Soit tu décides de reprendre le pouvoir, progressivement.

• Se donner à soi-même des règles de consommation

Si tu ne peux pas t'empêcher de fumer avec tes copains,

Le test

Ce test est une adaptation du test de Fagerström, utilisé par les professionnels pour mesurer la dépendance au tabac. Fais-le honnêtement, il te donnera une première indication sur tes rapports avec la cigarette.

La première cigarette, c'est :
Moins de cinq minutes après ton réveil ? compte 3 points
De 5 minutes à une demi-heure ? 2
D'une demi-heure à une heure ? 1
Plus d'une heure ? 0

C'est difficile pour toi de ne pas fumer quand c'est interdit (au lycée, dans le bus...) ?

Oui	*1 point*
Non	*0*

Quelle cigarette est pour toi la plus importante ?

La première	*1*
Une autre	*0*

Combien de cigarettes par jour ?
Entre 12 et 15 ans

10 au maximum	*3*
De 10 à 20	*4*
De 20 à 30	*5*
Plus	*6*

Entre 15 et 18 ans

10 au maximum	*2*
De 10 à 20	*3*
De 20 à 30	*4*
Plus	*5*

Plus de 18 ans

10 au maximum	*0*
De 10 à 20	*1*
De 20 à 30	*2*
Plus...	*3*

Fumes-tu de façon plus rapprochée dans la première heure après ton réveil que pendant le reste de la journée ?

Oui	*1*
Non	*0*

Fumes-tu même quand tu es malade ?

Oui	*1*
Non	*0*

Résultat : fais le total de tes points

Si tu as moins de 2 points : tu n'es pas dépendant ; quand arrêtes-tu ?

Si tu as 3 ou 4 points : tu es déjà un peu dépendant ; attention...

Si tu as 5 ou 6 points : à partir de ce niveau, tu es déjà dépendant et tu dois te faire aider pour arrêter.

Si tu as de 7 à 10 points, tu es en état de forte dépendance...

parce que la pression est trop forte pour refuser, alors fixe-toi des règles pour te limiter. Par exemple, évite de fumer le matin, fais de ta chambre une zone non-fumeur, décide de fumer seulement pendant les moments de détente en groupe, mais jamais seul. Si tu y arrives, tu te prouves que tu gardes une part d'autonomie et de liberté.

- Imaginer des gestes de remplacement

La cigarette est souvent un moyen pour les filles de ne pas grignoter, en occupant la bouche. Dans ce cas, à chacune d'imaginer d'autres gestes. On peut commencer par décider de rouler ses cigarettes soi-même : cela diminue la quantité de tabac fumé, occupe les mains et prend du temps... Puis ensuite remplacer la cigarette par du chewing-gum à mâcher, des lunettes à triturer, un crayon à mordiller (c'est mieux que les ongles !), ou un verre d'eau... Attention, il faut un peu de temps pour transformer ses habitudes gestuelles.

- Se faire aider

Il existe aujourd'hui des moyens efficaces pour reprendre le pouvoir sur le tabac, et arrêter de fumer : par exemple les Nicorette ou les patchs, qui, en diffusant de la nicotine dans l'organisme ou à travers la peau, limitent la sensation de manque et permettent un sevrage progressif (voir VIII, Comment se faire aider).

▸ La bonne stratégie

- Affirmer sa différence...

Est-ce si important pour toi de ressembler aux autres ? Et pourquoi est-ce si difficile de faire différemment des copains, alors que tu t'opposes facilement à tes parents ? Plutôt que de suivre les autres, on peut décider d'assumer sa différence : « Non, moi je ne fume pas... »

- ... sans afficher sa supériorité

Si tu arrives à affirmer ta différence à propos de la cigarette, n'affiche pas pour autant de la supériorité, mais dis simplement que cela ne t'intéresse pas. Ne pas fumer, ou ne pas se moquer de ceux qui ne fument pas, c'est aussi une manière de permettre à tout le monde de choisir.

- Partager autre chose que le tabac

Il n'est pas tout à fait vrai que « tout le monde » fume.

Regarde bien autour de toi, certains ne le font pas. Mais peut-être choisis-tu plutôt des fumeurs comme amis, comme pour justifier ta propre attitude ? Il y a d'autres intérêts et passions à partager avec des amis que le tabac : cinéma, musique, sports...

Signal d'alerte

Si tu connais des jeunes de moins de 15 ans qui fument régulièrement, et qui, en plus, boivent de l'alcool, jusqu'à se saouler, il serait intelligent d'en parler aux adultes responsables, par exemple à l'infirmière scolaire. Il ne s'agit pas de dénoncer, ni de citer des noms, mais de prévenir d'un danger.

Contrôler sa consommation ?

Il existe trois règles essentielles pour garder le contrôle de sa consommation :

1. Se donner des limites dans la journée : le mieux est d'éviter de fumer le matin, et de réserver la première cigarette pour le début de l'après-midi.

2. Des limites dans la semaine : une « journée sans tabac », au choix.

3. Des limites dans les lieux : décider par exemple de ne pas fumer dans sa chambre, de ne fumer que dans une seule pièce...

Si on n'arrive pas à respecter au moins une de ces règles durablement (pendant deux à trois mois), cela prouve déjà une dépendance plus ou moins forte.

30

Je bois pour faire la fête

Pas de fête réussie sans canettes de bière à volonté. Même les mélanges concoctés à base de vodka et autres stimulants ne me font pas peur... Je tiens bien l'alcool.

▸ Que se passe-t-il ?

L'alcool est un puissant désinhibiteur qui nous aide à lever nos défenses : quand on a un peu bu, on est moins timide, plus à l'aise, et plus gai ! Du coup, c'est difficile de savoir quand s'arrêter, ou mieux, de savoir s'en passer.

Malheureusement, l'alcool, en s'accumulant dans le cerveau et dans le foie, devient toxique pour l'organisme et entraîne des dégâts. Il ne faut donc pas dépasser sa capacité personnelle d'élimination, qui varie selon l'âge et le sexe.

L'alcool a aussi des conséquences à court terme, directes et indirectes. Quand on a trop bu, on perçoit moins bien les dangers. On risque d'accepter n'importe quoi et de se laisser entraîner à dire ou à faire des choses qu'on ne ferait pas dans un état normal. La conduite en état d'ivresse est aussi responsable d'accidents graves et même mortels.

▸ À savoir

L'organisme d'un homme est capable d'éliminer jusqu'à 21 verres de vin par semaine, à 10° ou 12°, soit deux litres ; l'organisme d'une femme ne peut, lui, en éliminer que 14 (des petits verres ballons comme on en sert dans les bistrots, pas des verres à orangeade !).

À condition de ne pas boire plus de 3 verres d'affilée en une soirée, et de respecter 24 ou 48 heures d'abstinence par semaine. Au-delà, l'alcool entraîne des troubles du système nerveux irréversibles.

Filles et garçons

La consommation d'alcool concerne nettement plus les garçons que les filles, et la différence de consommation augmente avec l'âge.

Mais on s'aperçoit que les filles sont en train de prendre l'habitude de boire trop, et que cela risque de porter atteinte à la santé de leurs futurs bébés...

Que faire ?

- Consommer avec modération

Il n'y a rien de grave ni d'interdit à goûter un bon vin à table, ou à boire un verre dans une soirée. À condition de savoir s'arrêter, et ne pas être obligé de se défoncer pour passer une bonne soirée entre copains !

- Limiter les risques

En alternant un petit verre d'alcool et un grand verre d'eau fraîche (car l'alcool donne soif), en évitant de mélanger des alcools différents, en ajustant sa consommation à sa capacité d'élimination (voir ci-dessus).

- Prévoir le retour des fêtes

Mieux vaut, quand on risque de boire un verre de trop, s'organiser à l'avance pour dormir sur place, ou demander à

Bonjour les dégâts ?

Tu sais refuser le verre de trop ?

Tu fais attention aux boissons quand tu ne sais pas exactement ce qu'elles contiennent ?

Tu ne cherches pas systématiquement l'ivresse ?

Après une fête, tu refuses de monter dans la voiture de quelqu'un dont tu ne sais pas s'il est sobre ?

Si tu n'es pas sûr d'être en état de rentrer seul chez toi, tu n'as pas de honte à appeler de ton portable, pour qu'on vienne te chercher ?

Dans une rave, tu prends la précaution de faire analyser tes boissons (il existe des stands de la Croix-Rouge ou d'autres organismes qui le proposent).

Jusque-là, tu es capable de te limiter dans ta consommation d'alcool, et de te protéger de ses risques ; au-delà, attention, danger !

Tu t'es déjà saoulé au point de ne plus avoir de souvenirs de ce qui s'est passé ?

Tu prends facilement une canette de bière, seul, le soir dans ta chambre ?

Tu trouves que tu te sens vraiment mieux après avoir pris de l'alcool ?

Tu as franchi une limite et c'est bien que tu en prennes conscience maintenant, tant qu'il en est encore temps, parce que au-delà... Bonjour les dégâts !

un adulte de prévoir de venir vous chercher, en vous mettant à plusieurs. Les parents préféreront souvent se coucher tard, à tour de rôle, plutôt que de vous voir courir des risques sur les routes, ou monter dans la voiture de n'importe qui.

▸ À savoir

Il existe plusieurs associations (par exemple « La Route des jeunes » ou « Capitaines de soirées ») qui proposent de raccompagner chez eux les jeunes ayant trop bu pour prendre le volant sans danger. Il n'y a pas de honte à faire appel à eux. Et pourquoi ne pas les rejoindre dans leur action ? (Voir VIII, Comment se faire aider ?)

31

Mon copain fume des joints

À côté du lycée, il y a le rendez-vous des dealers. Mon copain fait sa provision, et il me propose un joint de temps en temps. Ça circule aussi pendant les fêtes du samedi soir, et ça n'a pas l'air si dangereux que ça...

▸ Que se passe-t-il?

C'est vrai qu'il y a du plaisir à fumer du cannabis : c'est un produit qui donne un sentiment de flottement que certains trouvent agréable.

Mais il y a aussi un côté négatif : la consommation de haschisch diminue les capacités d'attention, et empêche la mémorisation. Pendant longtemps, on a cru qu'il n'y avait pas de risque de dépendance. Maintenant, des expériences scientifiques ont montré que la substance libérée dans l'organisme est conservée dans les cellules graisseuses, et s'élimine en quinze jours à trois semaines. Il n'y a pas de sentiment de sevrage immédiat, mais une dépendance à long terme. (Les animaux soumis au cannabis et qui n'ont pas de cellules graisseuses présentent, eux, un manque immédiat.) Il ne faut donc pas banaliser ce produit, et faire comme s'il ne présentait aucun danger.

▸ À savoir

La consommation du cannabis est interdite par la loi. Les consommateurs sont rarement punis, mais ceux qui les fournissent et en font le trafic risquent des amendes et des peines de prison. Souvent, les consommateurs, pour payer leurs propres besoins, se font dealers. Même s'il s'agit de petites quantités, ils tombent alors aussi sous le coup de la loi.

Que faire ?

- L'état des lieux

C'est illégal, mais ce n'est pas dramatique pour la santé de fumer un joint pour essayer, par curiosité ou pour faire comme les copains. Ce qui est plus embêtant, c'est de se mettre à fumer souvent et régulièrement, et d'entrer ainsi dans la dépendance. Si, pour se sentir « cool », on a besoin systématiquement d'un joint, si on n'est pas capable de s'en passer pour commencer la journée, pour se déstresser ou pour s'endormir, c'est mauvais signe.

- Admettre sa dépendance

  Nous sommes tous dépendants les uns des autres. Pour être heureux, on dépend de ses amis, de sa famille... Pourtant, au moment où tu voudrais être libre, indépendant de tout, et en particulier des adultes, tu te mets sous une dépendance encore plus lourde. Mieux vaut choisir de qui ou de quoi on veut dépendre, et mieux vaut dépendre des personnes plutôt que des produits toxiques. Peut-être as-tu l'illusion de choisir les sensations produites par la drogue, et ainsi d'être actif, de les maîtriser ? Mais est-ce le bon moyen de se rendre indépendant ?

- Reconnaître ce qui ne va pas

  Si on est si bien sur son petit nuage, qu'on n'arrive plus à revenir dans le monde réel, c'est qu'on est mal à l'aise dans sa vie. Plutôt que de s'évader, il faut trouver comment l'améliorer.

- Protéger son avenir

  Fumer régulièrement entraîne de grandes difficultés à se concentrer et à apprendre, au moment où on prépare son avenir. Et cela risque de finir par l'abandon des études, et la déconnexion avec la vie sociale.

Signal d'alerte

Quand la consommation devient régulière et quotidienne, qu'on se rend compte qu'on est devenu dépendant, qu'on a des difficultés à se concentrer et qu'on voudrait arrêter, il faut absolument demander de l'aide.

Inutile de se faire du cinéma, de répéter qu'on s'arrêtera quand on le décidera : ce n'est pas possible et seuls des professionnels peuvent aider à sortir de la dépendance (voir VIII, Comment se faire aider ?).

IV

Mes amis

32

Je ne peux pas vivre sans amis

Je m'ennuie à la maison, mes parents m'énervent, ma petite sœur aussi. Je voudrais vivre tout le temps avec mes copains ; il n'y a qu'avec eux que je sois bien, ils comptent plus que tout pour moi...

▸ Que se passe-t-il ?

Les amis, c'est important pour être heureux. Avec eux, on expérimente différents types de relations : pour certains, c'est la fête ; pour d'autres, les grandes idées ou les confidences partagées, ou encore la solidarité d'une petite bande... À partir de 12 ans, chacun se constitue un groupe d'amis, qu'il gardera quelquefois toute sa vie ; le nombre d'amis proches que l'on garde à l'âge adulte est strictement proportionnel à celui que l'on crée à l'adolescence !

Les bons moments de la vie sont encore meilleurs quand on les partage avec de vrais amis, et les difficultés sont moins lourdes à porter quand on est plusieurs. C'est vrai à tous les âges de la vie, mais cela s'expérimente à l'adolescence.

Les amis permettent aussi de prendre de la distance par rapport à sa famille, à ses parents. Avec eux, on se comprend mieux soi-même, on se construit, on découvre d'autres manières de penser, de réagir, de vivre. Se frotter aux différences permet de se forger ses propres opinions.

Il faut du temps pour se créer de vrais amis. Les formes de l'amitié évoluent avec l'âge, s'équilibrent entre le nombre et la qualité. Enfin, il faut savoir s'en passer à certains moments, pour se retrouver soi-même et mieux les apprécier de nouveau !

Filles et garçons

Avant 15 ans, c'est plutôt avec des amis du même sexe que l'on se sent bien, ensuite on découvre plus les relations avec les garçons quand on est une fille, les filles quand on est un garçon.

Les garçons, avant 15 ans, préfèrent avoir une bonne bande de copains : on rigole ensemble, on joue au foot ou on bricole des engins à moteur... Et on ne veut surtout pas montrer ses sentiments.

Les filles, entre elles, parlent beaucoup, expriment leurs sentiments... Elles se demandent toujours ce qu'on pense d'elles. Elles privilégient une « meilleure amie », comme un double de soi-même à qui on peut tout dire. Pour se détacher un peu de sa mère, parce qu'on la trouve « collante », on fait ses confidences à des amies, ou à une « meilleure amie ».

▸ Que faire ?

- Compter sur ses amis

Élargir son cercle de relations ? Gagner plutôt en profondeur dans l'amitié avec quelques-uns ? À chacun de trouver son équilibre, en sachant que l'important, c'est d'avoir des amis sur qui l'on peut compter dans les bons et les mauvais moments !

- Trouver son mode de relation avec les autres

En regardant un film ensemble, en faisant de grandes randonnées à vélo, on peut aussi partager des émotions

fortes et de l'amitié, sans se parler : cela crée des liens et des souvenirs pour longtemps, à condition d'en prendre conscience.

Mes amis et moi

Est-ce que tu as une douzaine de copains avec qui tu te sens bien ?

Est-ce que tu as deux ou trois ami(e)s sur qui tu peux compter en cas de problème ?

Est-ce que tu as déjà parlé de choses importantes, ou confié un secret, à un ou une ami(e) ?

Est-ce que tu repères de quoi tu peux parler à l'un ou à l'autre ?

Est-ce que, au milieu d'un groupe, tu te sens tranquille et heureux, même sans avoir rien de particulier à dire ?

Est-ce qu'il t'est déjà arrivé de faire quelque chose pour ton ami(e), le (la) soutenir au moment d'un chagrin, intervenir pour le (la) défendre... ?

Plus de trois oui ? Tu prends bien ta place parmi ceux de ton âge.

Moins ? Choisis un objectif parmi toutes ces questions, et vois ce que cela donne dans un mois.

- Trouver sa place dans le groupe

C'est dans les groupes d'amis que se construit et s'expérimente la relation aux autres. Certains ont beaucoup de mal à prendre leur tour de parole, parce qu'il y a toujours quelqu'un qui commence à parler avant qu'ils ne se lancent. Si à l'inverse tu es un grand bavard, oblige-toi parfois à te taire, pour mieux écouter.

- Découvrir les différences

On peut apprendre beaucoup de choses en étant attentif à d'autres modes de fonctionnement. Plutôt que de dire que les filles « passent leur temps à papoter », un garçon peut chercher à comprendre quelles sont leurs manières à elles de communiquer. Tout comme une fille peut s'intéresser au monde des garçons pour comprendre pourquoi ils réagissent parfois à ses yeux de façon étonnante.

▸ La bonne stratégie

Si tu as du mal à prendre la parole dans un groupe, quand tu as quelque chose à dire, parce que tu ne te sens pas toujours écouté, ou parce que cela ne tombe pas toujours juste, il y a des « trucs » qui peuvent t'aider : lever la main (pas le doigt comme à l'école !) avant de parler, pour demander le silence. Ou bien commencer par « écoutez-moi », ou « je voudrais dire quelque chose »...

Ces phrases banales permettent d'attirer l'attention. Si tes copains sont sympa, capables de respect, ils se tairont. Et alors, quelquefois, on a la surprise de voir que ceux qui ne parlent pas beaucoup sont les mieux écoutés !

33

Je n'arrive pas à me faire de copains

Je me sens exclue, on ne me propose jamais rien, alors que les filles de ma classe se retrouvent ensemble le week-end.

C'est difficile avec mes copains, il y a toujours des problèmes. Je préfère rester à la maison devant mon ordi...

▸ Que se passe-t-il ?

Les amis, c'est vital, on en a besoin pour vivre. Quelques efforts sont parfois nécessaires pour être bien avec eux, ou pour comprendre, s'il y en a, les raisons de ses difficultés de relations.

Il peut y en avoir de très différentes :

On est trop timide, on a du mal à aller vers les autres, jusqu'à refuser même parfois des propositions sympa, par peur de sortir de sa coquille.

On se sent nul, on a l'impression de n'intéresser personne, de se faire rejeter à chaque fois qu'on fait un pas vers les autres. Quelquefois, ce malaise apparaît brusquement, et c'est difficile de comprendre ce qui se passe. Avant, on avait des copains, et on se sentait bien avec eux.

On est trop bien à la maison : les parents se montrent tellement gentils, tendres, compréhensifs, qu'on profite un peu trop de ce confort, jusqu'à se couper de ceux de son âge. C'est évidemment toujours plus difficile de trouver sa

place parmi des copains, il y a des rivalités et il faut se battre.

On est trop tourné vers soi-même, on ne tient pas compte des autres et on accepte mal les différences.

On se sent supérieur aux autres et on veut toujours commander.

Mais cela peut être aussi parce qu'on est différent, que les autres vous jugent trop original, trop intellectuel ou vraiment pas marrant.

▸ Les bonnes questions à se poser

Te sens-tu mal à l'aise avec les jeunes de ton âge, et mieux avec les enfants plus jeunes ou les adultes ?

As-tu l'impression que les autres se moquent de toi, te repoussent ?

Te disputes-tu très vite avec tes copains ?

As-tu l'impression de trahir tes parents quand tu passes plus de temps avec tes amis qu'avec eux ?

Es-tu au contraire tellement en conflit avec ta famille que tu n'as plus la tête à autre chose, et que tu t'enfermes dans ta chambre pour ne plus voir personne ?

▸ Que faire ?

• Ne pas s'isoler

Même si tu ne souffres pas vraiment de ne pas avoir d'amis, fais attention de ne pas trop t'isoler. Ne pas s'entendre avec les autres peut être gênant dans ta vie sociale. À toi de trouver au moins un endroit où partager des choses avec d'autres du même âge : si ce n'est pas au collège ou au lycée, cela peut être à travers des passions, dans un groupe de musique, un club de sport, d'informatique...

- Comprendre ce qui agace les autres

Accuser les autres de tous les défauts, même s'ils sont réels, ne t'aidera pas à mieux trouver ta place dans le groupe. C'est qu'il y a aussi quelque chose en toi qui les agace, ou les détourne de toi. Surtout si tu te sens exclu de façon répétitive. Il faut trouver quoi, par exemple en ayant le courage d'en parler avec celui ou celle dont tu te sens le plus proche : « Je ne comprends pas... Qu'en penses-tu ? »

- Échanger des idées

Même si cela ne te dérange pas d'être ainsi à part, et même si tes idées sont originales, il y a certainement des copains avec qui tu pourrais les partager. Les autres aussi ont des idées originales !

- Faire reconnaître qu'on a besoin de ses copains

Si tu as l'impression que tes parents voudraient te garder à la maison, tu peux leur faire comprendre qu'il est normal, à ton âge, d'avoir besoin de vivre avec des amis de son âge, et que cela n'enlève rien à l'affection que tu leur portes.

▸ Signal d'alerte

Si tu souffres de te sentir exclu, si tu te sens si mal dans ta peau et dans ton corps, si les idées qui occupent ta tête te rendent malheureux, au point que tu finis par penser que tu ne peux intéresser personne, alors il faut en parler avec quelqu'un qui pourra te comprendre et t'aider (voir VIII, Comment se faire aider ?).

34

Je suis affreusement jaloux(se)

Ma meilleure amie parle avec une autre fille, et aussitôt je me sens trahie. Un copain propose une sortie à quelqu'un d'autre sans m'en parler, et cela m'énerve. J'ai l'impression que mes parents en font plus pour mon frère ou ma sœur que pour moi...

▸ Que se passe-t-il ?

Être jaloux, c'est avoir le sentiment que les autres sont toujours mieux traités que soi-même. Confusément, on se dit tout au fond de soi que c'est parce qu'on mérite moins d'être aimé, qu'on est moins intéressant que les autres. Et on en souffre. La jalousie provient donc plus d'un doute ou d'un manque de confiance que d'une injustice réelle. On ne supporte pas de voir les autres profiter des choses qu'on n'a pas : si on était sûr d'avoir tout ce qu'il faut pour être heureux, cela ne nous gênerait pas que les autres en profitent aussi !

Avec ses copains, on découvre que les autres ont des désirs et des intérêts différents des siens. On a du mal parfois à le supporter, et l'impression d'être abandonné. Si les parents avaient donné l'habitude depuis toujours de s'effacer pour nous faire plaisir, cela ne marche pas ainsi entre amis ! Il faut donner soi-même pour pouvoir compter sur les autres...

On peut aussi ressentir de la jalousie à l'égard de ses frères et sœurs de la même façon qu'autrefois, quand on était tout petits : souvent, on ne supporte plus que les parents soient gentils avec eux, ou leur fassent des cadeaux... On voudrait être l'unique objet de leur attention et, au même moment, on a envie de se détacher d'eux.

Es-tu jaloux(se) ?

Quand il arrive quelque chose d'heureux et d'extraordinaire à quelqu'un que tu aimes bien, est-ce que cela te rend vaguement malheureux ?

Est-ce que tu vérifies toujours, même si tu n'as pas vraiment faim, que ton voisin a une part égale, ou plus ou moins grosse que la tienne ?

Est-ce que l'idée qu'un frère ou une sœur reçoive plus d'argent de poche que toi au même âge t'insupporte ?

Est-ce que, dès que tu vois ta meilleure copine parler avec quelqu'un, tu t'imagines aussitôt qu'elle est en train de te lâcher ?

Ou que ton petit ami est en train de te plaquer ?

▸ Que faire ?

• Prendre l'air

Quand tu te sens jaloux de ton frère ou de ta sœur, ou quand tu as trop envie de surveiller ta meilleure amie, va prendre l'air : en voyant d'autres amis, en te faisant inviter par tes grands-parents pour le week-end, en organisant des vacances à l'extérieur...

• Donner sa place à tout le monde

Si tu te rends compte que la rivalité avec tes frères et sœurs est tellement forte que l'atmosphère de la maison devient pesante ou infernale, il faut en parler avec tes parents pour trouver ensemble la meilleure façon de donner sa place à tout le monde.

- Accepter de prendre de la distance

Si les séparations, le temps d'un après-midi ou d'un week-end, détendent tout le monde et que, au contraire, la tension remonte dès le retour, c'est que le nœud du problème est bien là. Il y a sans doute une difficulté familiale derrière cette jalousie. Alors, il faut peut-être envisager d'aller habiter quelque temps chez une marraine, des grands-parents, même un ami si c'est possible, ou encore de passer une année ou deux en internat.

35

Les autres sont racistes avec moi

C'est toujours moi que les flics contrôlent dans la rue ; dans les magasins, on me regarde avec un air méfiant comme si j'allais forcément piquer quelque chose ; je me sens à part dans la classe, certains ne me parlent pas.

▸ Que se passe-t-il ?

Quand on fait partie d'une minorité, d'une culture et d'une origine ethnique différentes de la majorité, on est obligé d'en prendre conscience. S'il n'y avait qu'une seule couleur de peau, personne n'y penserait !

À l'adolescence, c'est rassurant de ressembler aux autres. Celui ou celle qui est Blanc au milieu des Noirs, ou Noir au milieu des Blancs, se retrouve en position plus difficile. Il est tout de suite remarqué, et risque d'exister aux yeux des autres seulement avec cette unique caractéristique de sa personne, de disparaître derrière. Ce n'est pas du racisme, mais seulement du simplisme que d'étiqueter quelqu'un à partir de son seul aspect extérieur.

Si tu te sens à l'aise parmi tes amis, si personne ne fait de hiérarchie entre les différentes origines des garçons ou des filles d'une classe, alors tu n'accorderas pas beaucoup d'importance à cette étiquette. C'est tout simplement ta marque de fabrique. Les autres savent que tu es un bon copain, ou une fille marrante, un joueur de

rugby potable, ou que tu détestes les maths, avant d'être beur ou black !

Le véritable racisme commence lorsque l'on est exclu de manière délibérée en raison de son origine sociale ou ethnique. Il peut arriver par exemple de se voir refuser l'entrée d'un bar ou d'une boîte de nuit.

Le racisme fonctionne dans les deux sens. On peut aussi se sentir soi-même raciste, parce qu'on ne supporte pas la différence, qu'on n'accepte pas ce qu'on ne connaît pas ou ne comprend pas. Et pour cela, les jeunes ne sont pas plus intelligents que des adultes !

▸ Que faire ?

- Refuser toute hiérarchie des races

Le racisme, c'est autant être mis à l'écart, que de se mettre soi-même à l'écart. Si tu vis ta différence comme quelque chose d'inférieur ou de supérieur, essaie de faire un travail sur toi-même. Et quand tu reconnais cette idée chez les autres, dis-toi bien qu'il s'agit de bêtise ou de peur. Même si cela oblige à se faire une carapace, et à ne pas répondre aux provocations.

- S'affirmer autrement

Pour contrer un sentiment d'infériorité, développe ton intelligence, tes talents personnels, dans le sport, la musique, le travail scolaire... Et appuie-toi sur tes qualités pour avoir confiance en toi. Chaque fois qu'une culture est dévalorisée ou menacée, elle a besoin de s'affirmer.

- Prendre les devants

Si tu te sens en butte au racisme parles-en avec les autres et invite-les chez toi. C'est ainsi que des liens se créeront, et tu seras peut-être à ton tour invité.

▸ Signal d'alerte

Ne te laisse pas envahir par ce problème de racisme, et ne te réduis pas toi-même non plus à tes origines, au point de t'enfermer dans un ghetto : c'est ainsi que l'on se laisse aller à la tentation de l'extrémisme, et à la violence.

36

J'en ai marre des étrangers

Je trouve qu'il y a trop d'Arabes dans ma classe... Ils font toujours des histoires, ils sont violents. Je me suis déjà fait racketter par un Black, ou insulter dans la rue... Il vaudrait mieux vivre chacun chez soi.

▸ Que se passe-t-il ?

Dans notre pays, des populations d'origines diverses vivent ensemble, sous les mêmes lois, et sont citoyens de la même République. Mais ils ont des modes de vie différents et n'arrivent pas toujours à bien se comprendre. La France a une conviction « universaliste » : on considère que la condition humaine est unique, et que toutes les cultures peuvent dépasser leurs différences pour vivre ensemble.

Les pays anglo-saxons, eux, attachent plus d'importance aux différences. Ils admettent donc mieux que l'on crée des communautés entre gens identiques par la race, le mode de vie... Au risque de former des ghettos. De même, dans les relations avec ceux qui sont différents de nous, il peut y avoir deux attitudes, qui ne sont pas contradictoires : regarder avant tout la personne humaine, ou bien respecter avant tout sa différence. L'idéal serait d'arriver à trouver l'équilibre entre les deux.

De toute façon, pour cohabiter dans un même pays, il faut accepter des lois communes, se connaître assez pour ne pas avoir peur les uns des autres, et se respecter mutuellement.

Est-ce que tu risques le ghetto ?

Tous tes amis sont-ils de la même origine ethnique ?

Est-ce que tu connais bien quelqu'un ayant d'autres croyances que les tiennes ?

Cela t'est-il déjà arrivé d'être invité dans une famille très différente de la tienne ?

As-tu déjà parlé avec un ami de vos différences (de milieu, de statut social, d'argent...) ?

As-tu déjà posé des questions à des étrangers sur leurs manières de vivre ?

Est-ce que cela te pose un problème d'inviter chez toi, à dîner ou à dormir, quelqu'un d'une autre origine que toi ?

▸ Que faire ?

- Reconnaître et accepter les différences

Ce n'est pas la peine de faire comme s'il n'y avait pas de différences. Mais la capacité à aller vers les autres, le plaisir de communiquer et d'être ensemble sont des caractéristiques simplement humaines, qui se trouvent dans tous les milieux sociaux ou ethniques.

- Faire preuve de curiosité

S'intéresser aux autres cultures, voyager, découvrir d'autres manières de vivre, fait évoluer ses opinions sur les autres et apporte des plaisirs qui t'étonneront toi-même.

- Franchir les barrières

Si tu te sens raciste par peur des différences, tu peux essayer de mieux comprendre ceux qui te sont étrangers en reconnaissant à la fois les différences et les points communs entre vous. Cela suppose d'aller au-delà des rencontres banales, de franchir les barrières de l'intimité, donc d'accepter de dévoiler la sienne. Par exemple, en invitant chez soi celui qui est différent de soi à prendre un repas avec sa famille, ou en lui montrant sa chambre.

37

Il faut toujours que je me fasse remarquer

J'ai toujours envie d'attirer les regards et ça m'attire aussi des ennuis...

Je ne peux pas m'empêcher de faire le pitre avec les copains, et parfois ça tombe mal...

▸ Que se passe-t-il ?

C'est le plaisir de la provocation : surprendre, percevoir dans le regard des autres l'instant où notre attitude les déstabilise donne le sentiment délicieux d'exister vraiment soi-même. La provocation bouscule la grisaille et l'ordre établi, cela fait du bien à tout le monde !

Les filles et les garçons

À chacun son arme de provocation préférée... Les garçons utilisent plus souvent l'humour ou les bêtises, tandis que les filles aiment bien se faire remarquer par leurs tenues, leur maquillage ou leur coiffure.

Mais lorsqu'on en fait trop, on risque de s'enfermer soi-même dans ce personnage d'éternel provocateur. Au bout d'un moment, il finit par prendre toute la place, et par ne plus surprendre personne. Quand on est « la bimbo » ou « le rigolo » de service (ou le play-boy et la rigolote !), on ne

peut plus montrer d'autres facettes de sa personnalité. Cela empêche surtout d'avoir de vraies relations avec les autres. Difficile alors de vivre une rencontre amoureuse, qui demande un registre de relations tellement différent.

▸ + de 15 ans

Quand le regard des autres est tellement important, quand on a terriblement peur d'être jugé ou découvert, on se cache facilement derrière une attitude, un déguisement, pour faire rire, étonner ou provoquer l'admiration !

Avec l'âge, on apprend à mieux passer d'un registre à l'autre, à rigoler, mais aussi à être capable de conversations sérieuses. Pour aller au lycée, on peut s'habiller d'un jean et d'un tee-shirt, mais savoir aussi sortir les paillettes pour une fête le soir !

▸ Que faire ?

• Affirmer ses talents

Tu déclenches les rigolades en classe, et dans ces cas-là, tu te sens un peu le centre du monde ? C'est normal : tout le monde aime bien, au moins une fois de temps en temps, être remarqué. C'est aussi une occasion d'exercer ses talents d'animateur et de comique, ou bien pour d'autres de styliste et créatrice en portant des tenues faites pour être vues. Peut-être, d'une façon ou d'une autre, pourrez-vous utiliser tout cela dans des futurs métiers ?

• Avoir confiance en soi

Si tu sens que tu utilises systématiquement ton rôle de pitre, tu risques de te retrouver piégé dans ce type unique de relation avec les autres. Cela va finir par agacer, et te jouer des tours. As-tu tellement peur qu'on ne te remarque pas ? Penses-tu que tu n'es vraiment pas intéressant(e), quand tu ne joues pas au clown ou à la star ? Dans ce cas, c'est peut-être que tu manques d'estime de toi-même, et que cela te pousse à « en faire trop » pour te rassurer.

• S'obliger à sortir de son rôle

Si tu n'arrives pas à avoir des relations calmes et simples avec les autres, essaie donc de t'obliger par moments à éviter de lancer une plaisanterie, ou bien retiens-en une sur deux. Tu peux aussi faire attention à laisser les autres terminer leurs phrases, et à les écouter. Et profites-en pour voir ce qui se passe : tu découvriras que c'est agréable aussi !

▸ Signal d'alerte

Les clowns sont souvent des gens tristes, qui cherchent à se faire du bien à eux-mêmes en déclenchant des rires autour d'eux... Serait-ce ton cas ? Si tu as cette impression-là, il faut comprendre les raisons de ta tristesse, et donc en parler avec un adulte capable de t'écouter.

38

Est-ce que l'amitié est possible entre une fille et un garçon ?

J'ai un ami, une amie d'enfance, et j'y tiens beaucoup. On se comprend sans mots, on ne se force pas, on se sent en confiance. Mais quand les autres nous voient ensemble, ils rigolent et disent qu'on est amoureux. Cela nous gêne, et j'ai peur que cela gâche notre amitié...

▸ Que se passe-t-il ?

Oui, il peut exister de vraies relations d'amitié entre filles et garçons. Probablement plus souvent aujourd'hui qu'autrefois, parce que depuis l'école maternelle on se côtoie et on apprend à se connaître : c'est un avantage de la mixité à l'école. Il existe ainsi des amitiés qui se forgent pendant l'enfance et qui continuent à l'adolescence. Après avoir partagé des jeux, on partage des idées et des découvertes ! Le « meilleur ami », ou la « meilleure amie » peut être du sexe opposé. Ce sont des relations qui ressemblent un peu à celles des frères et sœurs lorsqu'ils s'entendent bien. Au cours de l'adolescence, ces amitiés peuvent connaître une évolution. Soit, vers 15 ans, au moment où l'on découvre les relations amoureuses, on s'éloigne l'un de l'autre et puis on se retrouve un peu plus tard, et l'amitié continue. Soit la relation change de nature, et on tombe amoureux l'un de l'autre.

L'amitié fraternelle entre un garçon et une fille est une relation qu'il faut absolument préserver. À travers cette complicité, on apprend beaucoup de choses sur l'autre sexe. Cela permet de comprendre mieux les relations humaines, parce que les filles et les garçons ne réagissent pas toujours de la même façon. Il y a bien sûr une part de séduction, mais aucun des deux n'est envahi par ces émois amoureux qui empêchent de se comporter avec naturel. Sans danger et en douceur, on peut se tester et tester l'autre sexe.

En plus des vrais amis, on peut aussi avoir des copains de l'autre sexe. Une fille peut aimer jouer au rugby avec les garçons, par exemple ; l'affrontement du jeu l'amuse et la détend. Un garçon qui aime bien les conversations sérieuses peut trouver du plaisir à discuter avec des filles, souvent plus mûres sur ce plan que ses copains habituels.

▸ Que faire ?

- Préserver l'amitié

Puisque c'est une chance et une richesse, il faut savoir préserver cette amitié, en montrant à l'autre qu'on y tient, et en y consacrant du temps, même si l'entourage des copains trouve à redire. Ce n'est pas forcément parce qu'une fille a du plaisir à être avec un garçon qu'elle le drague. Ce n'est pas parce qu'un garçon a du plaisir à être avec une fille qu'il est amoureux. Que les copains ou les copines médisant(e)s se le tiennent pour dit !

- Se faire respecter

À ceux qui se moquent de vous, par exemple en disant « oh, les amoureux ! » parce qu'ils sont jaloux, il faut répondre en faisant tranquillement remarquer cette jalousie, plutôt qu'en se défendant et se justifiant. Et ne surtout pas laisser la gêne s'installer entre vous à cause de cela.

39

Ma meilleure amie m'a laissée tomber

On faisait tout ensemble, tout le monde savait qu'on était meilleures amies. Et puis un jour on s'est disputées, elle m'a dit que c'était fini entre nous...

▸ Que se passe-t-il ?

Les amitiés entre filles sont très importantes, surtout au moment de la puberté, parce qu'il est souvent plus facile d'être deux pour affronter les interrogations et les changements de ce moment-là. Ta meilleure amie était comme une part de toi-même, comme un miroir de ce que tu ressentais. Tu avais besoin d'elle pour te sentir bien. Peut-être trop. Votre brouille te touche beaucoup, comme si une part de toi-même disparaissait dans l'affaire. Tu as l'impression d'être trahie, tu es furieuse, et malheureuse, surtout si en plus elle va avec une autre fille que tu n'aimes pas.

Tu fais une expérience douloureuse, mais indispensable, de la vie : les autres, tous les autres, ne pensent pas toujours comme toi, n'agissent pas toujours comme tu le souhaites, et tu es bien obligée d'en tenir compte, de faire avec. Peut-être justement étiez-vous tellement proches l'une de l'autre que ton amie a eu l'impression d'étouffer, et cela lui est devenu insupportable ?

Es-tu trop exclusive dans tes amitiés ?

Quand tu es avec ta meilleure amie, as-tu l'impression que plus rien d'autre n'existe ?

Supportes-tu bien qu'elle ait d'autres amies ?

As-tu toujours peur qu'on te pique ton amie ?

As-tu toujours l'impression que tes amies disent des choses derrière ton dos ?

Si tu as trois oui ou plus, ne serais-tu pas un peu exclusive ?

En dehors de cette amie, est-ce qu'il y en a d'autres, filles ou garçons, avec qui tu as du plaisir à être ?

Est-ce que tu as l'habitude de parler de danse avec l'une, de travailler avec une autre, de passer des vacances avec une troisième, etc., ou bien est-ce que tu ne peux bien communiquer qu'avec une seule fille ?

Est-ce la première fois que cette expérience désagréable d'être larguée t'arrive ?

Si tu as deux non ou plus, tu es un peu trop exclusive et cela nuit à ton amitié.

▸ Que faire ?

• Dire sa peine

Reconnais que cela te fait de la peine d'être brouillée avec ton amie, ne joue pas l'indifférence, et ne te blinde pas pour ne pas souffrir. N'hésite pas à lui dire, à elle aussi, que cela te fait de la peine, que tu gardes le souvenir de tous les bons moments passés ensemble et que tu espères que vous pourrez vous reparler un jour. Choisis une manière discrète, sans t'imposer, par exemple en laissant un mot sur sa messagerie Internet ou sur son téléphone portable. Mais ne les multiplie pas quand même !

- Ne pas se dévaloriser

Même après une rupture sanglante, évite de dire du mal de ton ex-amie. Ce serait une façon de te dévaloriser toi-même, puisque tu as vécu beaucoup de choses importantes avec elle.

- En profiter pour se retrouver soi-même

Sans doute pour partager le plus de choses possibles, as-tu un peu laissé tomber des choses que tu aimais, ou bien as-tu perdu l'habitude de réfléchir toute seule ? C'est le moment de redécouvrir ces plaisirs !

- Redéfinir sa stratégie dans ses relations avec les autres

Si le test a montré que tu étais trop exclusive dans ta manière de gérer tes amitiés, utilise cette expérience désagréable pour faire le point, essaie de voir en quoi tu es responsable de ce qui est arrivé. Reconnais aussi tout ce que cette amitié t'a apporté. D'autres relations, plus tard, seront donc forcément aussi importantes, différemment.

▸ La bonne stratégie

On peut avoir plusieurs amies dans des univers différents, par exemple en classe et en vacances, dans son quartier et au lycée... Pourquoi pas ?

Si on n'a pas toujours très envie que les deux se rencontrent, c'est parce que chacune représente une part contrastée de sa personnalité. On a le droit de préserver une part secrète de soi-même et de ne pas avoir envie de la dévoiler à tout le monde.

▸ Signal d'alerte

On est évidemment plus atteint si c'est la première fois qu'une amie vous laisse tomber que si ça vous est déjà arrivé. Mais c'est plus embêtant quand cela se renouvelle souvent. Si on va de déception en déception dans ses relations amicales, en ayant à chaque fois le sentiment d'être trahie, alors c'est qu'il faut revoir sa manière d'être avec ses amies !

40

Une fille de ma classe a tenté de se suicider

Elle n'est pas venue en classe depuis deux jours. On a appris qu'elle avait essayé de se suicider. Heureusement, elle n'a pas réussi, mais elle est à l'hôpital...

▸ Que se passe-t-il ?

Cette nouvelle te bouleverse, mais ne t'étonne pas tellement. Tu avais remarqué que ta copine n'allait pas très bien, même si tu ne pensais pas que c'était à ce point-là. Ou bien elle en avait déjà parlé en classe. Mais personne ne croyait qu'elle le ferait vraiment...

Au contraire, il peut arriver que tu sois complètement sidéré(e), parce que tu n'imaginais pas possible une chose pareille.

Pourquoi a-t-elle fait cela ? Sans doute avait-elle des raisons : elle dormait mal, elle n'arrivait pas à travailler, elle s'inquiétait pour ses résultats scolaires en chute libre, elle se sentait de plus en plus isolée... Peut-être n'arrivait-elle pas à se sentir bien dans la classe ou le groupe, peut-être aussi la trouviez-vous « lourde » ou difficile à vivre ? Peut-être cela se passait-il mal chez elle, ou bien son petit ami venait-il de l'abandonner ? Elle ne pouvait plus vivre comme cela... Mais sans doute avait-elle moins envie de mourir que de vivre autrement ? Son geste peut être compris comme un appel à l'aide.

▸ Que faire ?

- Ne pas se sentir responsable

Tous les élèves de la classe devraient pouvoir parler de ce qui est arrivé avec un adulte, par exemple l'infirmière scolaire, s'ils le souhaitent. Elle expliquera ce qui s'est passé et les aidera à ne pas se sentir responsables. L'histoire de chacun ne dépend pas seulement de ses camarades de classe pendant une année.

- Ne pas juger

Cela ne sert à rien de se dire : mais pourquoi donc a-t-elle fait cela, alors qu'elle avait tout pour être heureuse... Ni évidemment de le lui dire, à elle ! Un appel au secours ne peut pas se juger ainsi.

- À son retour, l'entourer

Ceux et celles qui lui sont le plus proches, mais aussi ceux qui ont été frappés par son geste et veulent faire quelque chose, peuvent chercher à l'entourer de manière discrète lors de son retour en classe. En lui proposant de participer aux activités du groupe, et même en l'obligeant gentiment : « Allez, t'as pas envie, mais viens quand même avec nous... »

- Être capable de parler sérieusement

Il faut savoir de temps en temps parler des choses sérieuses et difficiles. Sinon, on risque de toujours passer à côté des problèmes des autres. Les amis, ce n'est pas seulement être ensemble pour rigoler, c'est aussi s'aider, se montrer de l'attention et de la sympathie. Et cela peut éviter à certains d'aller jusqu'à la tentative de suicide...

- Ne pas surestimer ses forces

Attention : il faut toujours être à plusieurs pour aider

quelqu'un qui va mal, car c'est difficile et très lourd. Si on sent qu'on n'y arrive pas tout seul, il ne faut pas hésiter à faire appel à un adulte.

▸ Signal d'alerte

Si cette tentative de suicide t'inquiète particulièrement, parce que toi aussi tu y penses parfois, en te disant que ce serait la solution à tes problèmes ; si tu te dis qu'elle a eu, elle, ce courage-là, et que tu te sens comme attirée par ce qu'elle a vécu ; si ces pensées t'envahissent, alors il faut absolument en parler.

Tes amis risquent d'avoir peur de ce que tu dis, et tes parents risquent d'être bouleversés aussi. Alors, si c'est possible, choisis plutôt un adulte de confiance, comme l'infirmière scolaire, ou ton médecin généraliste : ils te donneront des adresses de lieux où tu pourras trouver de l'aide, chez des personnes habituées à entendre ce genre de problèmes.

41

Mon amie déconne complètement

Elle sèche les cours, fait le mur et raconte n'importe quoi à ses parents… Elle fume des joints, boit de l'alcool, se vante d'avoir eu des relations sexuelles avec plusieurs garçons. Je suis inquiète pour elle.

▸ Que se passe-t-il ?

Il y a presque dans chaque classe un ou deux adolescents qui accumulent ainsi les galères. Tu as raison d'être inquiète pour ton amie : tout ce qu'elle raconte, même si ce n'est pas entièrement vrai, montre qu'elle ne va pas bien et a besoin d'être aidée. Sans doute ses relations avec ses parents sont-elles difficiles et pleines de conflits.

On appelle ce comportement une « conduite à risques » : elle prend des risques dans plusieurs domaines de sa vie, et ils font boule de neige entre eux. Par exemple, quand on a pris l'habitude de fumer à 12 ans, on passe plus facilement au haschisch à 14 ans, en buvant trop les soirs de fête et en montant dans n'importe quelle voiture… et on continue ainsi à rechercher des sensations toujours plus fortes… On nie le danger et même on le cherche, par exemple en refusant de penser à se protéger lors de relations sexuelles. Peut-être aussi a-t-elle essayé de t'entraîner avec elle, un jour où elle avait envie de prendre le train pour partir ailleurs, n'importe où… Il faut reconnaître que c'est assez fascinant de transgresser ainsi les règles des adultes, mais on risque ensuite de le payer très cher.

▸ Que faire ?

- Se comporter comme une vraie amie

Si tu es vraiment son amie, tu ne dois pas faire semblant de trouver normal tout ce qu'elle te dit de sa vie, ou la faire parler pour le seul plaisir de l'entendre raconter des choses incroyables ou inconnues, ni surtout la pousser à aller plus loin « pour voir ». Au contraire, dis-lui que tu t'inquiètes pour elle. Cela la touchera de se sentir aimée.

- Donner son avis

Discuter, entre amis, ce n'est pas forcément être toujours du même avis ; c'est accepter les différences et en parler. Il ne s'agit pas de lui faire la morale, mais de montrer les dangers que tu perçois dans ses attitudes, les galères dans lesquelles elle risque de s'embarquer. Peut-être, si vous vous entendez vraiment bien, tiendra-t-elle compte de ton avis, et évitera-t-elle de déraper une prochaine fois ?

- En parler avec un adulte

Ce n'est pas facile d'aider quelqu'un qui est dans un tel désarroi, surtout si ton amie a du mal à le reconnaître et à en parler. Si tu discutes facilement avec ta mère, tu peux lui demander son avis d'adulte. Tu peux aussi proposer à ton amie de l'accompagner pour en parler avec quelqu'un de confiance (infirmière scolaire, prof...). Si grâce à toi, elle y arrive, bravo ! Tu ne seras plus seule à porter ce problème, et quelqu'un d'autre pourra mieux le prendre en charge.

▸ Signal d'alerte

Si ton amie se confie à toi et te parle de ses angoisses, en a ras le bol de tout, voudrait parfois en finir avec la vie, c'est bien de l'écouter. Mais tu ne pourras rien faire pour elle. Il faut l'inciter à demander de l'aide. Tu peux lui proposer de prendre rendez-vous pour elle avec quelqu'un (assistante sociale, médecin), et de l'accompagner. Ensuite, reste dans la salle d'attente pour la laisser parler seule avec un adulte.

42

Mon copain est toujours seul chez lui

Ses parents partent très tôt le matin et rentrent tard le soir. Le week-end, ils vont dans leur maison de campagne pour se reposer. Comme mon copain s'y embête, il reste seul chez lui. J'ai l'impression que personne ne s'occupe de lui.

▸ Que se passe-t-il ?

Il est vrai que certains parents sont très occupés. Leurs enfants, quand ils atteignent l'âge de se débrouiller seuls matériellement, préfèrent souvent rester à la maison plutôt que d'aller comme avant chez une gardienne, ou bien d'avoir une baby-sitter sur le dos pour les surveiller. Du coup, ils sont donc très libres, avec souvent beaucoup de choses pour s'occuper tout seuls : par exemple, il y a toujours du Coca dans le frigidaire, une télé grand écran, plein de jeux pour l'ordinateur...

Les filles et les garçons

Souvent, les parents font plus confiance aux filles pour les laisser seules à la maison, parce qu'on considère qu'elles sont mûres plus vite, et moins tentées que les garçons par les grosses bêtises. Pourtant, ce n'est pas plus facile pour elles de rester seules. Alors, tout en ne faisant pas de bêtises, elles se mettent par exemple à grignoter toute la journée.

Mais cette grande liberté peut aussi être ressentie comme un abandon dur à supporter. Car il est toujours difficile de se prendre complètement en charge, avec le sentiment que personne ne s'intéresse à vous. Quand il n'y a pas de parents à la maison, la tentation est grande d'arriver en retard en cours, puis de les sécher ; de traîner dehors après la classe, ou devant la télé, plutôt que de se mettre au travail en rentrant ; de grignoter n'importe quoi, plutôt que d'attendre les parents pour dîner très tard. Plus on prend l'habitude de vivre seul, moins on a de choses à partager avec ses parents, moins on supporte aussi les règles d'une vie collective. Alors, après une semaine solitaire, on préfère inviter des copains pour faire la fête plutôt que d'accompagner ses parents à la campagne. Et puisqu'il n'y a pas d'adultes présents, tout est permis. Difficile dans ces conditions d'éviter les bêtises et dérapages.

Repères

À 12 ans, on aime bien savoir que les adultes ne sont pas loin, même si, dans la vie quotidienne, on est capable de se faire un repas, ou de passer une soirée tout seul.

À 14 ans, on aime bien quand les parents vous confient la maison, pendant un week-end par exemple, de temps en temps. Mais après, on est content de faire des choses avec eux.

À 16 ans, on sait se débrouiller seul, dans le cadre fixé par les adultes.

À 18 ans, on est capable de se gérer soi-même, même si on aime la compagnie des autres.

▸ Que faire ?

- Inviter son ami chez soi

  Si tu as un copain qui se retrouve souvent seul, et qui t'invite chez lui pour avoir de la compagnie, propose-lui plutôt de venir chez toi. Invite-le à déjeuner ou à dîner avec tes parents, et discutez ensemble. C'est de cela qu'il a besoin.

- Aller passer des week-ends à la campagne avec lui

S'il est prêt à partir à la campagne avec ses parents, à condition d'emmener un ami, vas-y ! Ce sera pour lui l'occasion de passer du temps avec ses parents, sans s'ennuyer, grâce à toi. Et tu découvriras aussi une autre manière de vivre.

- Parler avec des adultes

Si tu as l'occasion de parler avec ses parents, tu peux leur dire que tu trouves que ton ami s'ennuie ou déprime quand il est tout seul. Peut-être ne s'en rendent-ils pas compte, parce que c'est plus facile pour lui de dire qu'il est content d'avoir beaucoup de liberté.

V

Mes amours

43

C'est quoi, être amoureux ?

C'est incroyable, ça ne m'est jamais arrivé d'être dans un état pareil ! C'est à cause de lui ? À cause d'elle ? Est-ce que c'est cela, l'amour ?

▸ Que se passe-t-il ?

C'est à l'adolescence que surviennent les premières émotions amoureuses, le premier coup de foudre. En même temps que le corps, les sentiments changent. On a l'impression de flotter, le cœur bat plus vite, on n'arrive pas à penser à autre chose, on perd tous ses moyens, son humour, on a l'impression d'être devenu(e) bête.

C'est arrivé à tout le monde, ça nous met dans tous nos états, et cela fait partie du charme : l'amour est une des expériences essentielles de la vie !

On n'a plus envie que d'une chose : être seul avec elle, avec lui. Les autres passent au second plan, même la bande de copains. Mais rien ne devient simple pour autant quand il ou elle s'approche : on a peur de dire une bêtise, peur d'être débordé(e) par ses émotions, peur que « ça se voie ». Comme par hasard, c'est avec lui ou elle qu'on est le moins naturel, alors qu'on voudrait tant lui plaire.

Pourquoi lui, pourquoi elle ? c'est le grand mystère. Souvent, celui ou celle dont on tombe amoureux ne correspond pas tout à fait à ce qu'on imaginait avant. Ce sont des détails qui nous font craquer, sans qu'on comprenne pourquoi, mais c'est précisément cela qui est important : un regard, une façon de bouger, une tonalité dans la voix...

Heureusement, tous les garçons ne tombent pas amoureux de la même fille blonde et mystérieuse, ni toutes les filles du même garçon drôle et musclé. Malheureusement, le coup de foudre ne tombe pas toujours sur les deux personnes concernées en même temps...

Suis-je amoureux ?

Quand tu le (la) vois, tu es ému(e), tu ne peux pas t'empêcher de le (la) regarder.

Quand tu es avec elle/lui, tu te sens heureux, mais tu as peur en même temps de ne pas être à la hauteur.

Tu découvres avec elle/lui du plaisir à faire des choses que tu n'imaginais pas : par exemple regarder un match de foot pour une fille, ou entrer ensemble dans un magasin de fringues pour un garçon.

Des activités qui te semblaient très importantes, comme la musique avec les copains ou la tchatche avec les copines, te semblent tout d'un coup sans intérêt, moins que de passer du temps avec elle/lui.

C'est simple, au bout de deux oui, tu es amoureux(se) ! Et tu le savais bien avant de faire le test !

▸ Que faire ?

En profiter, comme d'une expérience nouvelle et merveilleuse !

L'amour est un sentiment vivant, qui évolue et se transforme au fil du temps : on construit la confiance, la solidarité, on découvre le plaisir de partager des idées, des projets... Une belle expérience !

• En parler...

Si tu ne penses qu'à cela, ou bien si tu n'arrives pas à démêler tes sentiments, à comprendre ce qui t'arrive et pourquoi tu réagis ainsi, il faut en parler. Heureusement, l'amour est un sujet sur lequel chacun a une expérience ! Tu peux demander à un ou une ami(e) d'y réfléchir avec toi. Ou même de jouer les intermédiaires si tu n'arrives pas à parler avec « lui » ou « elle ».

• ... ou pas !

Pour la première fois peut-être, il t'arrive quelque chose de très important dont tu n'as pas forcément envie de parler à tes parents ; tes sentiments amoureux appartiennent à ton intimité, à ta vie personnelle.

• Se montrer tel que l'on est vraiment

Dans l'amour, on ne peut pas faire semblant très longtemps. Il faut accepter de prendre le risque de se montrer tel que l'on est vraiment. C'est quand on renonce à tout contrôler et qu'on laisse les émotions nous envahir, nous surprendre, qu'il s'agit vraiment d'amour !

• Ne pas trop s'enfermer dans sa bulle

Au début, le coup de foudre prend toute la place. C'est naturel d'avoir envie d'être tous les deux « seuls au monde », et cela permet de mieux se connaître. Mais attention, il ne faut pas s'enfermer dans sa bulle, dans une relation trop exclusive : vivre avec les autres aide aussi à mieux connaître celui ou celle dont on est amoureux, en comprenant ses réactions dans le groupe, comment il y trouve sa place, de quelle manière il communique... C'est important aussi !

• Prendre le temps et respecter l'autre

Bizarrement, l'amour n'est pas directement en lien avec

la sexualité. Si l'un des deux a envie très vite de faire l'amour, l'autre n'en est pas toujours au même point. Si on ne se sent pas prêt(e), on a le droit de ne pas se forcer, de se laisser le temps de la découverte mutuelle, sans passer à l'acte tout de suite. C'est une bonne manière de montrer son amour que de respecter le besoin de temps de l'autre ! (Voir 48, Il veut qu'on fasse l'amour.)

44

Je ne suis jamais sorti avec une fille

Karim sort avec Vanina, Léa avec Arthur, et moi, et moi et moi ? Dans les séries télé, cela semble si simple, et d'après les copains un peu frimeurs aussi. Qu'est-ce qui n'est pas normal chez moi ?

▸ Que se passe-t-il ?

Impossible de dire à quel âge il est normal de « sortir » avec un garçon ou une fille, puisque le mot même recouvre des choses bien différentes, du premier regard au premier cinéma main dans la main, et jusqu'au premier baiser... La plupart des garçons et des filles de 14 ou 15 ans n'ont pas encore eu de relations amoureuses, tout simplement parce qu'ils avaient d'abord besoin de temps pour se découvrir eux-mêmes. Pourtant, certains se vantent facilement de leurs exploits imaginaires !

Il y a toujours une « première fois », qui arrive à des âges différents, selon les caractères, l'environnement, les occasions... Certains découvrent très tôt les relations amoureuses, y compris sexuelles. Ils ne sont pas plus heureux pour autant, même s'ils en parlent beaucoup. Et ce ne sont pas eux qui vivront forcément les plus belles histoires d'amour !

La rencontre avec l'autre, celui ou celle qui nous fera vibrer, vient à son heure, et on ne peut pas aller plus vite

que la musique. La découverte de l'autre sexe, toujours pleine de mystères, ne peut se faire que pas à pas. « Sortir » avec quelqu'un seulement pour l'avoir fait, pour ne pas se sentir en retard ou différent des autres, risque d'entraîner beaucoup de déceptions, ou de ne pas apporter grand-chose.

▸ Que faire ?

- Profiter de la vie comme elle vient

Bien sûr, cela donne un pincement au cœur de voir les autres vivre des choses qu'on n'a pas encore découvertes. Plutôt que de t'inquiéter de ce que tu n'as pas encore vécu, fais-toi confiance et prends du recul face à certaines attitudes de vantardise. Et profite des plaisirs que t'offre la vie, ici et maintenant... Les amoureux autour de toi n'en ont pas toujours le temps !

- Se donner des occasions de rencontres

Si décidément le temps paraît long, demande-toi si ta vie est assez ouverte sur les autres, si tu te donnes les meilleures occasions de faire des rencontres. Évidemment, si tu passes ta vie derrière ton écran d'ordinateur, peut-être cela s'explique-t-il.

- Être ouvert et disponible

Pour rencontrer l'âme sœur, il faut être assez à l'aise avec soi-même pour se montrer tel que l'on est, avec ses qualités et ses défauts. Il ne faut pas toujours fuir, par peur de se faire avoir ou de souffrir. Bref, il faut être assez sûr de soi, et en même temps assez ouvert sur les autres, prêt à se laisser bousculer par l'aventure des relations, d'amitié comme d'amour.

▸ Signal d'alerte

Si à 18 ans, tu n'as toujours rencontré personne qui fasse battre ton cœur, il faudra te poser encore d'autres questions : as-tu peur ? En souffres-tu ? Ne peux-tu vivre que dans la solitude ? Peut-être ne supportes-tu pas de ne plus tout maîtriser, de ta vie et de tes sentiments ?

Si tu as été amoureux(se) plusieurs fois, mais que cela n'a jamais été jusqu'à une véritable rencontre, que s'est-il passé ? Est-ce toi qui as fui ? N'as-tu pas osé te déclarer ? Quelque chose t'empêche-t-il d'être toi-même ? Parles-en avec quelqu'un en qui tu as confiance.

45

Je n'ose pas lui dire que je l'aime

Je me débrouille pour la frôler en sortant de cours, dix fois déjà les mots étaient prêts dans ma tête, et puis l'occasion est passée. J'ai sorti n'importe quoi, le contraire de ce que je voulais dire. J'ai tellement peur de me faire jeter, de le/la voir se moquer de moi et de mes sentiments...

▸ Que se passe-t-il ?

Le partage des sentiments ne se décrète pas. Dire à quelqu'un qu'on l'aime, c'est un moment fragile où on accepte de se découvrir, d'être vrai, de montrer ses sentiments. Il est assez normal d'hésiter un peu, alors qu'on ne peut pas savoir ce que pense l'autre, comment il va nous recevoir. Cela suppose d'avoir suffisamment confiance en soi pour lui faire confiance.

Et pourtant, vient un moment où, pour avancer, il faut prendre le risque de se jeter à l'eau. Ensuite, à chacun son histoire : si les sentiments sont partagés, c'est le début d'une nouvelle page de vie !

Si ce n'est pas le cas, il ou elle sera le plus souvent très sensible à ce que tu dis, parce que le poids des mots et leur sincérité se perçoivent très bien et imposent le respect.

▸ Que faire ?

- Le premier pas

Qui doit prendre le risque de se déclarer le premier, le garçon ou la fille ? Il n'y a pas de règle ! Ce n'est pas plus facile pour le garçon que pour la fille et, dans la réalité, cela arrive aussi souvent aux uns qu'aux autres de faire le premier pas.

- Dire ce que l'on pense

C'est une force plutôt qu'une faiblesse que de savoir exprimer ses sentiments. Cela ouvre des possibilités de relation. Et au pire, on souffre moins d'affronter un échec immédiat que de rêver beaucoup et de traîner ensuite un sentiment de gâchis et de blessure.

▸ La bonne stratégie

À chacun de choisir la sienne, selon sa personnalité et son intuition, pour que cela sonne juste : romantisme, humour, mise en scène, ou cri du cœur ?

Si on sent qu'on n'arrive pas à se déclarer, et qu'on ne pense plus qu'à cela, il n'est pas interdit de se faire aider par un ou une ami(e). Il ou elle, n'étant pas amoureux, est donc dans son état normal, et peut te rendre le service de jouer les intermédiaires. Dans une conversation avec l'élu(e), il ou elle peut sonder ce qu'il (elle) pense et te permettre ainsi d'avancer ensuite sur un terrain plus sûr. Mais il ne peut sûrement pas exprimer tes sentiments de la même façon que toi !

46

Dès que je vois une fille (un garçon), il faut que je la (le) drague

Côté garçon : il faut que je sorte avec toutes les filles qui me plaisent. Dès que j'en vois une nouvelle, je m'imagine des choses, je fantasme en pensant à elle...

Côté fille : pour me sentir exister, j'ai absolument besoin de plaire à tous les garçons. Alors, je les drague, pour attirer les regards sur moi.

▸ Que se passe-t-il ?

Les garçons et les filles qui se reconnaissent dans ces attitudes-là sont envahis par un désir permanent. Cela leur prend la tête et, pour s'en défendre, ils ont besoin à leur tour d'exciter les autres.

Ce besoin permanent de plaire traduit au fond un doute sur soi-même, sur ses qualités et ses compétences, une inquiétude de ne pas être à la hauteur dans d'autres domaines. Peut-être as-tu des difficultés en classe, te sens-tu moins bien que les autres et cherches-tu à compenser quelque chose ? Peut-être as-tu peur de ne pas être à la hauteur en matière de sexualité ?

Le problème, c'est que ce comportement peut t'empêcher de nouer de véritables relations avec les autres. En recherchant seulement une excitation permanente, tu

risques d'avoir du mal à t'engager dans une relation durable. Et puis, en refusant de vivre d'autres émotions, comme le sentiment amoureux, qui a besoin de temps pour s'approfondir, on se prive et on prive les autres. On peut aussi faire souffrir son (sa) partenaire, s'il (elle) est vraiment amoureux. Les relations ne sont pas équilibrées : l'un garde toute la maîtrise de ses sentiments, tandis que l'autre s'engage avec toutes ses émotions.

▸ + de 15 ans

Après 16 ou 17 ans, quand on commence à avoir vraiment envie de nouer une relation amoureuse qui dure, d'avoir un(e) vrai(e) petit(e) ami(e) avec qui partager des choses, on prend confiance en soi et on se sent moins obligé(e) de draguer les filles ou d'allumer les garçons pour exister !

▸ Que faire ?

- Se calmer

Si c'est parce que tu doutes de toi que tu veux attirer les regards et que tu remplaces la qualité par la quantité, tu risques de te retrouver face à des refus qui aggraveront encore ce doute. Sans parler d'amour, essaie d'avoir des relations plus calmes avec des amis de l'autre sexe.

- Découvrir d'autres types de relations avec les autres

Essaie de te lier avec des personnalités différentes de la tienne, qui t'ouvriront d'autres horizons, te montreront d'autres façons d'être. Par exemple, tu découvriras les plaisirs de la complicité féminine, ou l'amitié entre filles et garçons, la solidarité, etc.

• Ne pas provoquer pour ne pas être provoqué

Si les filles allument sans cesse les garçons, elles ne peuvent pas se plaindre ensuite que les garçons soient toujours sur leur dos !

• Garder pour soi son excitation

Si les garçons ressentent une excitation sexuelle telle qu'ils ont besoin de la faire retomber, mieux vaut qu'ils se fassent plaisir eux-mêmes, que de provoquer les filles (voir 8, Je me masturbe tout le temps)... En attendant de pouvoir accéder à des relations et des plaisirs partagés.

47

Pourquoi les garçons sont toujours sur notre dos ?

Il suffit que deux amies passent dans la cour pour que les garçons se mettent à faire des commentaires sur elles. Ou que le prof appelle une fille au tableau pour qu'un idiot lui fasse un croche-pied au passage.

▸ Que se passe-t-il ?

Depuis les premières années de l'école primaire, les filles vivaient plutôt entre elles, et les garçons aussi. On se supportait, mais on habitait sur deux planètes différentes. Et puis voilà que les choses changent : les filles se mettent à s'intéresser aux garçons et à parler d'eux entre elles, et les garçons prennent un plaisir évident à provoquer les filles. Entre 12 et 14 ans, au moment où les filles comme les garçons changent énormément, l'autre sexe apparaît mystérieux, un peu inquiétant et tellement différent. Les filles sont pour les garçons comme des étrangères, et vice-versa. Même les modes de relations sont différents : les filles aiment bien parler, les garçons ont besoin de beaucoup bouger, les filles pleurent facilement, les garçons croient devoir montrer qu'ils sont les plus forts, etc.

Pour les garçons, provoquer les filles, c'est une manière d'attirer leur attention et de les obliger à réagir, pour essayer de les comprendre et aussi de marquer leur pouvoir sur elles ! Les filles embêtent moins directement les

garçons, mais elles ricanent facilement dans leur dos pour les agacer, et elles aiment beaucoup tourner les garçons en ridicule, pour arriver à les déstabiliser. Ce sont les mêmes manœuvres, mais en plus subtil ! Après des années d'indifférence, ces premières relations d'intérêt réciproque sont évidemment un peu maladroites, comme souvent au début.

Ces agaceries ont souvent lieu en classe, dans une ambiance de familiarité, comme entre frères et sœurs dans une famille. Ce ne sont pas des relations amoureuses. D'ailleurs, les histoires d'amour qui se nouent dans la même classe gênent parfois. Le groupe des filles a peur d'être trahi par celle qui a une relation privilégiée avec un garçon.

▸ Que faire ?

• Manier l'humour

N'être jamais embêtée par les garçons, ce n'est pas bon signe non plus ! Il y a quand même du plaisir à être remarquée et, sous l'énervement, pointe un peu d'excitation... Pour se dépêtrer des situations délicates, il faut apprendre à utiliser l'humour. Cela permet de rester en lien avec les garçons, qui aiment bien cela aussi.

• À chacun ses armes

Si un garçon t'embête vraiment, tu peux, pour te défendre, retourner les rieurs contre lui, sans méchanceté. Par exemple, fixe-lui un rendez-vous auquel tu ne viendras pas, et regarde-le attendre. On ne l'y reprendra plus !

Mais n'abuse pas non plus de ce petit jeu si tu n'as pas de raison de te défendre.

• Ne pas tolérer les gestes déplacés

Il y a des frontières qu'il faut faire respecter et des

choses qu'il ne faut pas tolérer. Des gestes déplacés comme les mains baladeuses, la porte des toilettes ouverte, ou bien des injures, ce n'est pas tolérable, ni entre garçons ni entre garçons et filles. C'est un manque de respect dont il faut savoir se défendre.

• Qui vivra verra ?

Les garçons, comme les filles, vont tellement changer dans les années qui viennent que tous les espoirs sont permis ! Les garçons cesseront de vous embêter, et quand vous vous croiserez, vous vous apercevrez qu'ils sont devenus nettement plus intéressants, et que des choses nouvelles vous réunissent !

48

Il veut qu'on fasse l'amour

Cela fait deux semaines, deux mois qu'on sort ensemble... On se parle de choses intimes, de nos sentiments et de nos désirs. Il voudrait aller plus loin encore. Mais quelque chose me retient...

▸ Que se passe-t-il ?

Quand un garçon et une fille s'aiment, qu'ils commencent à sortir ensemble, à se tenir par la main, à se toucher, à s'embrasser, ils découvrent la sensualité et le bonheur de l'intimité des corps. Ils se demandent bien sûr tous les deux jusqu'où ils vont aller dans cette intimité, avec un mélange d'inquiétude et de désir. Rien d'étonnant qu'ils aient envie de faire l'amour, pour aller jusqu'au bout. Rien de honteux à se le dire soi-même, à le dire à celui ou celle qu'on aime.

Ton corps n'appartient qu'à toi, et une petite voix intérieure résonne en toi pour te dire jusqu'où tu es prête à aller.

Justement parce que ces relations sexuelles touchent au plus intime de nous, elles engagent la liberté et la morale de chacun. Et elles exigent un respect total de l'autre, et de ses sentiments. C'est la condition pour vivre cette expérience importante de la manière la plus heureuse possible, sans se sentir dépossédé de soi-même.

▸ À savoir

Si tu te poses beaucoup de questions sur ce sujet, tu peux lire *Ados, amour et sexualité, côté fille* et *côté garçon*, dans la même collection.

▸ Que faire ?

- Se comprendre mutuellement

Parlez-en ensemble : si tu as toi-même ce désir dans la tête, as-tu l'impression que c'est aussi le sien ? Une partie de toi-même a sans doute très envie de faire cette expérience, tandis qu'une autre n'est pas encore prête, ou en a peur ?

- Écouter sa petite voix intérieure

Quand on est vraiment prêt, on le sent. Si au contraire, quelque chose résiste en soi-même, il faut en tenir compte. Et même si l'autre a très envie de faire l'amour avec toi, il doit attendre. Se soumettre aux exigences de l'autre ne veut jamais dire qu'on s'en fera plus aimer.

- Ne pas se tromper d'objectif

Attention aussi à ne pas se laisser influencer par les images pornographiques : faire l'amour ne ressemble pas à ce qu'on voit dans les films X, où la femme doit se soumettre aux exigences de l'homme et ressemble à un instrument pour le désir de celui-ci. Cela n'a rien à voir avec le partage amoureux. Les relations sexuelles ne sont pas non plus la recherche de la performance, ou de l'originalité à tout prix, mais plutôt un moyen de partager des sentiments et du plaisir ensemble.

49

À quel âge est-il normal de faire l'amour ?

Ceux qui ont sauté le pas en parlent par sous-entendus évocateurs. D'autres s'en vantent carrément. Certains films montrent des scènes torrides qui donnent envie. Alors, si on n'a jamais eu de relations sexuelles, on a raté quelque chose ?

▸ Que se passe-t-il ?

Il n'y a pas d'âge normal pour faire l'amour. Et il ne faut pas avoir fait l'amour pour être normal ! Les relations sexuelles sont une étape importante des relations amoureuses entre un garçon et une fille. Engager ainsi son corps doit se vivre dans les meilleures conditions possibles. Cela demande du temps, du respect et des sentiments réciproques. Ceux qui font cette expérience avant 15 ans ou 16 ans n'y sont pas toujours prêts. Souvent, ils sont déçus, même s'ils disent le contraire. Souvent aussi, ceux qui le font pour se prouver qu'ils peuvent le faire sont déçus. Et de toute façon, l'inquiétude et l'émotion aidant, la « première fois » est rarement aussi triomphante que l'image donnée dans certains films !

▸ À savoir

Les statistiques montrent que, depuis plusieurs générations, les filles et les garçons connaissent leurs premières relations sexuelles en moyenne autour de 17 ans. Mais une moyenne recouvre des grandes différences.

Un majeur ne peut pas avoir de relations sexuelles avec un ado si celui-ci, même consentant, n'a pas la majorité sexuelle (15 ans pour les filles et 16 ans pour les garçons, différente de la majorité civile de 18 ans). Cela relève de la pédophilie, qui est punie par la loi (voir VIII, Comment se faire aider ?).

▸ Que faire ?

- Ne pas brûler les étapes

Chacun se prépare dans sa tête et dans son corps. Il faut vraiment réfléchir à ce que l'on croit bon pour soi et pour celui, celle qu'on aime, et ne pas vouloir brûler frénétiquement les étapes. Souvent, les filles initient les garçons à l'intimité des corps, et c'est une première étape nécessaire qui prend du temps et demande une confiance réciproque. L'étape suivante des relations sexuelles viendra plus tard de façon naturelle.

- Se préparer

Une bonne manière de se préparer à la rencontre des corps, c'est de réfléchir ensemble à l'avenir, ainsi qu'aux précautions à prendre (voir VIII, Comment se faire aider ?). Lorsque vient le moment où l'on se sent prêt, il faut bien sûr se protéger contre les risques d'une grossesse (une seule relation sexuelle suffit), et éventuellement contre les maladies sexuellement transmissibles si l'un des deux a déjà eu des relations sexuelles avec d'autres partenaires. De toute façon, faire l'amour en se mettant en danger est trop angoissant pour que cela se passe bien.

Voir *Ados, amour et sexualité, version garçon* et *version fille*, Albin Michel, 2000.

50

La première fois, j'ai été déçue

Je l'aime vraiment, il m'aime vraiment, on était d'accord pour faire l'amour ensemble. Mais ça a été très vite, et je n'ai rien ressenti. C'est seulement ça, l'amour ?

▸ Que se passe-t-il ?

La première fois où l'on fait l'amour est toujours, pour les garçons comme pour les filles, un moment terriblement chargé d'émotion. Peur de ne pas y arriver, de déplaire à l'autre, inquiétude de l'inconnu, impression d'être submergé de sensations... Cela n'a rien à voir avec les images vues à la télévision, et il ne faut pas vouloir réaliser des performances.

Il y a aussi une grande différence entre les sexes : les garçons arrivent de manière plus mécanique et parfois très vite à cet instant de plaisir intense de l'orgasme, au moment de l'éjaculation du sperme.

Pour les filles, la première pénétration fait souvent peur et, de fait, peut parfois être douloureuse, à cause du stress et de la contraction du corps. Chez elles, le plaisir est plus diffus, et il faut plus de temps pour parvenir à l'orgasme (celui-ci est provoqué par la contraction en spasmes des muscles autour du vagin). Il survient rarement dès la première relation sexuelle.

▸ Que faire ?

- Réunir les meilleures conditions

Dommage de gâcher ce moment important... Le garçon et la fille devraient prendre le temps d'en parler avant, d'être bien en harmonie, pour le vivre le mieux possible. C'est vrai aussi des conditions matérielles : difficile d'être détendu si on a peu de temps, ou peur d'être dérangé, si on est trop mal installé.

- S'entraîner aux gestes de l'amour

Pour se préparer au jour J, les garçons peuvent s'entraîner « à blanc » à mettre un préservatif sur leur sexe bandé. Ils seront plus à l'aise la première fois, quand l'émotion risque de rendre l'opération difficile. Les filles peuvent dire quels gestes et quelles caresses leur sont le plus agréables. Avec l'expérience, la détente et l'amour partagé, les relations sexuelles seront de plus en plus satisfaisantes.

- Prendre le temps

Puisque le tempo des deux partenaires n'est pas le même, il faut du temps pour trouver un diapason commun, et pour cela s'écouter beaucoup l'un l'autre. C'est ce qu'on appelle les préliminaires : se parler, se découvrir, s'embrasser, se caresser de manière de plus en plus intime, en particulier les organes génitaux, permet au désir de monter. Au contraire, quand on veut « aboutir » très vite, il y a moins de plaisir partagé possible.

- Se protéger

Lors des premières relations sexuelles, il faut absolument éviter une grossesse et se protéger des maladies sexuellement transmissibles. Même s'il limite un peu la spontanéité, le préservatif est le mieux adapté, surtout si l'un ou l'autre des deux partenaires a déjà eu des relations. Plus tard, lorsqu'une relation sexuelle s'installe dans la durée et la confiance, la jeune fille peut prendre la pilule. En abandonnant le préservatif seulement si l'un et l'autre n'ont jamais eu d'autre partenaire, ou sont certains, après un test médical, de n'être porteurs d'aucun virus ou maladie sexuellement transmissible.

51

Ma copine a peur d'être enceinte

C'était pendant une fête. Elle était avec son copain. Tout le monde avait un peu trop bu. Ils ont fait l'amour, sans préservatif. Maintenant, elle a terriblement peur d'être enceinte, pleure sans s'arrêter, et n'ose pas raconter à ses parents ce qui lui est arrivé. Comment l'aider ?

▸ Que se passe-t-il ?

Il est toujours difficile de parler de sa sexualité, surtout avec ses parents, et encore plus dans ces circonstances. Ta copine s'en veut terriblement, surtout si elle avait un peu trop bu ce soir-là. Ce qui lui arrive la submerge totalement. Cela montre que l'on n'est jamais complètement maître de ses propres actes, ni de ce que l'on provoque chez les autres, et que l'on n'arrive pas toujours à dire non. Une leçon à retenir pour ne pas se mettre soi-même dans des situations dangereuses.

▸ Que faire ?

- En parler à un adulte

Ce n'est pas la peine que toute la classe soit au courant et donne son avis. Mais ton amie a besoin de toute façon de parler avec un adulte, de préférence un profes-

sionnel (l'infirmière scolaire, par exemple) le plus vite possible. C'est ainsi qu'elle pourra être aidée et dirigée vers un service médical qui la prendra en charge (voir VIII, Comment se faire aider ?).

- Éviter une grossesse

La « pilule du lendemain » permet d'éviter une grossesse, à condition d'être prise juste après la relation sexuelle non protégée. On peut se la procurer gratuitement à l'infirmerie des établissements scolaires, dans les centres de planification familiale (voir VIII, Comment se faire aider ?), mais aussi chez un médecin.

- Éviter les maladies sexuellement transmissibles

Pour toutes les relations sexuelles, il faut utiliser un préservatif (même si la jeune fille prend la pilule) pour éviter les maladies sexuellement transmissibles comme le sida, mais aussi certains champignons ou mycoses et infections. Quand il y a eu une relation sexuelle sans protection, on pratique des examens médicaux pour vérifier que tout va bien.

52

Il ou elle m'a quitté(e)

Il a dit : c'est fini... Elle a fait transmettre le message par une copine : je ne t'aime plus... Plus rien n'a d'importance, le monde s'est écroulé, rien ne sera comme avant.

▸ Que se passe-t-il ?

C'est comme ça : on ne décide pas de ses sentiments et de ceux des autres. Parfois, le temps fait que l'amour s'éteint. Et personne n'y peut rien. Le problème, c'est que l'amour ne s'éteint pas toujours au même moment chez les deux amoureux.

Si on peut se séparer d'un commun accord, parce qu'on se rend compte qu'il n'y a plus d'attirance mutuelle, c'est plus facile ! Bien sûr, on souffre un peu, parce qu'on se retrouve seul(e), et qu'on éprouve un sentiment de vide. Mais de toute façon, ce qui a été vécu ensemble fait qu'on ne sera plus jamais tout à fait les mêmes. Dans ce cas-là, il est même possible de garder des relations d'amitié.

Mais si, comme souvent, l'un se détache, tandis que l'autre reste encore amoureux, celui-là découvre la souffrance. On se sent envahi de pensées tristes, on a l'impression qu'on ne pourra pas survivre à ce qui nous arrive, ni être de nouveau aussi heureux qu'on l'a été. Parce qu'on se sent abandonné, on a aussi le sentiment d'être nul, de ne rien valoir.

Que faire ?

- Donner du temps au temps

Cette expérience nouvelle et difficile arrive à tout le monde : on subit les choses sans rien y pouvoir, on se rend compte qu'on ne peut pas agir sur la volonté et les désirs de l'autre. Seul le temps qui passe peut guérir la souffrance.

- Dire son chagrin

Lorsqu'on a été quitté, il n'est pas interdit de montrer que l'on est touché, par exemple en prenant le temps d'écrire une lettre, un message par Internet, à celui (celle) qu'on aime encore. Cela permet d'exprimer ce qu'on ressent, cela met une sorte de distance entre son chagrin et soi-même.

- S'appuyer sur ses proches

À ce moment-là, il est bon d'avoir des parents compréhensifs, ou des amis à qui on peut parler. Peut-être certains ont-ils déjà vécu la même chose ? Cela fait alors du bien d'être compris ! Compter sur ceux qui vous entourent, c'est aussi vouloir sortir de sa souffrance, s'ouvrir à d'autres amis et centres d'intérêt.

- Rester debout

Si on arrive à ne pas se laisser abattre, et à surmonter sa tristesse, on tirera de cette expérience amoureuse une vraie force pour la vie entière. Et on en gardera de bons souvenirs : puisqu'on a déjà vécu une fois les émotions de l'amour, on les vivra de nouveau !

À ne pas faire

- Espérer qu'il ou elle changera d'avis

Inutile d'essayer de courir après celui ou celle qui est

parti(e), pour essayer de le (la) retenir. Ne pas chercher à tout prix à le joindre au téléphone, ni le submerger de messages sur son portable, ou lui envoyer des copains chargés de plaider sa cause et lui parler de sa tristesse.

• Faire du chantage

Vouloir culpabiliser celui (ou celle) qui t'a laissé(e) tomber, lui faire du chantage au suicide par exemple, ou l'impressionner par des crises de violence, peut le faire revenir pour un temps, mais cela tournera très vite au conflit, et vous deviendrez finalement des ennemis.

• Se dépêcher de le ou la remplacer

Mieux vaut éviter de se précipiter tout de suite dans une autre relation qui n'est pas vraiment de l'amour, simplement pour combler le manque, guérir son orgueil et calmer la souffrance que l'on ressent.

53

Comment lui dire que je ne l'aime plus ?

On n'est plus sur la même longueur d'ondes...

Le dimanche, je préférerais aller retrouver des copains plutôt que de me retrouver en face à face. Il y a des choses que je n'avais pas vues jusqu'à présent, et qui maintenant m'agacent chez lui, chez elle...

▸ Que se passe-t-il ?

Quand on préfère passer son temps avec les copains-copines plutôt qu'en tête-à-tête, quand on commence à trouver insupportables certaines attitudes de l'autre, à chercher des excuses pour se voir moins, quand on se met à faire des comparaisons avec les autres, c'est que l'amour, qui est quelque chose de vivant, est en train de s'éteindre.

On peut aussi être tellement « collés » l'un à l'autre qu'on finit par étouffer, ne plus pouvoir se supporter vraiment. Inévitablement, l'un des deux se rend alors compte qu'il a besoin de retrouver ses centres d'intérêt personnels et ses amis à lui.

Au contraire, ce n'est pas parce qu'on se dispute, même fréquemment, que l'on ne s'aime plus. Quelquefois, il faut même passer par un conflit sérieux pour découvrir qu'on s'aime vraiment.

Que faire ?

- Être honnête

Une fois que l'évolution des sentiments est claire, il faut être honnête avec soi-même et avec l'autre. Il faut savoir reconnaître cette évolution et expliquer ce qu'on ressent, sans humilier ni blesser celui ou celle de qui on a été amoureux. Sans s'en moquer non plus, évidemment.

- Trouver la meilleure manière de dire les choses

Si on ne se sent pas capable de parler directement à celui ou celle qu'on a aimé, si le face à face est trop difficile, si on a peur de faire souffrir l'autre, de se disputer, on peut trouver un intermédiaire : par exemple écrire une lettre ou un e-mail, ou tout simplement demander à un ami, plus calme et moins concerné, de faire passer le message un peu avant de s'expliquer soi-même.

- Espacer les rencontres

Lorsque l'aventure a été sérieuse, a duré, on ne peut pas ainsi faire une croix dessus en quelques mots. Il faut se donner du temps pour être sûr de ses sentiments, ou de leur disparition. On peut en parler ensemble, essayer par exemple d'espacer les rencontres, de faire une parenthèse, de prendre de la distance l'un par rapport à l'autre, pour voir comment on réagit. Cela permet aussi à l'autre, celui qui subit et ne choisit pas, d'évoluer lui aussi. À condition quand même de ne pas multiplier ces allers-retours ou volte-face sentimentaux !

À ne pas faire

S'il est important de réfléchir à ce que l'on fait, il ne faut pas s'enfermer trop longtemps dans le mensonge, ni

utiliser des moyens détournés pour faire comprendre ce qu'il en est. Par exemple, sortir avec quelqu'un d'autre devant lui ou elle. C'est terriblement humiliant. Et en l'humiliant ainsi, c'est soi-même et le choix que l'on a fait auparavant qu'on dévalorise.

54

Mes parents ne veulent pas que je voie mon petit ami

Quand je veux l'inviter à la maison, mes parents ne sont pas d'accord. Quand je veux sortir, ils trouvent toutes les raisons de m'en empêcher, parce qu'ils savent que je vais le retrouver...

▸ Que se passe-t-il ?

Tu es amoureuse, il n'y a rien de plus important pour toi, et tu voudrais que tout le monde le sache. Mais tes parents font comme si ton petit ami n'existait pas, ils se débrouillent pour t'empêcher le plus possible de passer du temps avec lui, ou bien ils t'interdisent carrément de le voir.

Pour quelles raisons ? Soit ils pensent que tu es encore une enfant, trop jeune pour avoir des relations amoureuses. Alors, ils refusent de voir tes sentiments pour ce garçon. Soit ils ont des principes moraux rigoureux, et craignent que ton petit ami ne t'engage dans des relations sexuelles qu'ils réprouvent. Ou bien encore, ils ont peur que tu en aies, à cause des risques de maladies et de grossesse. Soit enfin ce garçon ne leur plaît pas (voir question suivante).

▸ Que faire ?

- Accepter les étapes

Ce n'est pas parce que tu es amoureuse d'un garçon que

tes parents sont obligés de l'aimer aussi. Pour que celui-ci passe du statut d'étranger à celui de membre de la famille, il faut du temps et des étapes progressives. Ne demande pas à tes parents d'accueillir tout de suite ton petit ami comme un vieux copain !

Tes parents ont-ils confiance en toi ?

Ils disent ce qu'ils pensent, posent des limites, mais te laissent vivre ta vie ?

Ils surveillent tes fréquentations, veulent savoir quand tu sors et avec qui tu vas, fixent ton heure de retour ?

Ils exigent par exemple que la porte de ta chambre reste ouverte quand tu reçois ton ami, et ne te laissent pas seule avec lui ?

Ils fouillent ton bureau pour lire ton journal intime ou chercher des lettres ?

Ils refusent que tu reçoives des amis quand ils ne sont pas là, et t'empêchent de sortir ?

Si tu réponds oui aux trois dernières questions, c'est effectivement difficile pour toi : il te faut des appuis pour négocier avec tes parents. Trouve quelqu'un qui puisse t'aider à parler avec eux, pour qu'ils te fassent davantage confiance.

- Pratiquer le compromis

Tes parents sont responsables de toi, savent que tu es jeune, et veulent que tu prennes le temps de vivre tes sentiments sans t'engager plus avant. Quand tu veux voir ton ami, organise des sorties avec plusieurs autres copains, et préviens tes parents, sans entrer dans les détails. Ils respecteront ainsi ta vie personnelle.

- Respecter la pudeur

Tes parents font preuve de pudeur dans l'expression des

sentiments, et te montrent une manière d'être qui leur convient. Ils ne souhaitent pas que tu flirtes sous leur nez : c'est un peu comme si tu exhibais ta sexualité. Si tes parents s'embrassaient sans cesse devant toi, est-ce que cela ne t'agacerait pas aussi ?

- Ne pas avoir honte

  Si ce qui préoccupe réellement tes parents est de savoir si tu as couché ou non avec ce garçon, parles-en carrément avec eux. Il n'y a rien de honteux, ni à dire oui, si c'est le cas ; ni à dire non, si vous n'en êtes pas encore là.

▸ + de 15 ans

Si tu as plus de 16 ans, si cela fait au moins deux ans que tu es avec le même garçon (ou la même fille), et que

vous faites déjà des projets d'avenir, alors vous avez franchi une étape. Vous êtes au-delà de la découverte de l'amour et de la sexualité. Explique tes sentiments à tes parents, et discute avec eux de ce qu'ils peuvent accepter.

▸ Signal d'alerte

Attention ! Dans les relations, comme dans la vie en général, tout ce qui est extrême est mauvais. Si tes parents dévalorisent celui que tu aimes, c'est bien sûr un peu toi qu'ils dévalorisent. Mais cela te donne aussi de la liberté. S'ils accueillaient ton ami tout de suite comme un membre de la famille, en « tombaient amoureux » eux aussi, ce ne serait pas forcément bien non plus. Tu risquerais de te sentir un jour ligoté(e) par les sentiments de tes parents !

55

Mes parents n'aiment pas mon petit copain

Il est d'une religion, d'une origine ethnique, d'un milieu social, d'un quartier différent de ceux de ma famille. Et c'est pour cela que mes parents ne l'aiment pas.

▸ Que se passe-t-il ?

Comme la majorité des adultes, tes parents sont volontiers conformistes. Ils craignent un peu tout ce qui paraît étranger, lointain, différent. Et ils y voient pour toi des risques.

Cela peut être simplement qu'ils sont surpris au premier abord par ton choix. Si votre histoire continue, ils la respecteront et finiront par s'intéresser au garçon que tu aimes, par découvrir ses qualités en faisant mieux connaissance. Mais ils peuvent aussi être totalement hostiles à la différence de ce garçon, pour des raisons parfois évidentes, parfois incompréhensibles. Au point de t'empêcher de le voir et, si tu résistes, de t'exclure de la famille.

▸ Que faire ?

- Avancer prudemment

Ne renonce pas pour autant à ton choix : si tu le souhaites, continue à voir ton ami, sans faire de provocation

inutile. Laisse le temps passer et vos sentiments réciproques s'approfondir. N'essaie pas non plus de « passer en force », et d'imposer ce garçon dans la vie familiale, justement parce que tes parents s'opposent à ton choix.

- Creuser les différences

  Peut-être es-tu justement attirée par les différences entre vous. Si vos familles respectives sont très différentes, prenez le temps d'en parler, pour comprendre mieux ce qui vous sépare... ou ce qui vous réunit !

▸ Signal d'alerte

Es-tu vraiment amoureuse de lui, ou as-tu besoin de te différencier de tes parents, voire de chercher à les choquer ? Si tu tombes systématiquement sous le charme de garçons qui ne plaisent pas à tes parents, il faut te poser des questions.

Est-ce que tu ne peux aimer que des gens qui sont le contraire de ta famille ? Est-ce que tu as besoin de faire des choix qu'elle désapprouvera ? Comme si ta seule façon d'exister, c'était de t'opposer ! Mais on ne vit pas plus heureux en s'opposant toujours à tout qu'en acceptant tout. Et les ruptures sont toujours douloureuses. Penses-y !

56

Mes parents ne veulent pas que j'aille chez elle

Je suis amoureux fou d'elle, et j'adore sa famille. Mais mes parents trouvent que je suis toujours fourré chez elle. Ils font la tête et disent que je prends la maison pour un hôtel...

▸ Que se passe-t-il ?

Chez elle, tu te sens bien. Ses parents sont sympa, sa mère te demande ce que tu aimes manger, son père te parle comme à un adulte et t'écoute. Ce n'est pas comme le tien, qui te prend encore pour un enfant ! Tu découvres une autre vie familiale, où tu es accueilli comme ce que tu es aujourd'hui et c'est agréable ! Depuis des mois, tu passes tout ton temps libre chez elle, tu y as même transporté tes CD préférés, laissé des vêtements...

Du coup, tu es de moins en moins souvent chez toi. Tes parents sont peut-être malheureux de ne plus te voir. Et cela te rend malheureux au fond de les voir souffrir.

Tu vois moins souvent aussi ta bande de copains, tu vas moins régulièrement aux entraînements de sport. Bref, tu sens que tu te coupes de ta vie d'avant, de tes racines.

▸ Les bonnes questions à se poser

Ton univers est-il en train de s'élargir ou de se rétrécir ?

Cette nouvelle vie est-elle un moyen de t'éloigner de ta famille ?

Est-ce que tu n'es pas en train de t'enfermer dans un « collage » étouffant avec ton amie ?

Tes parents désirent-ils seulement te voir rester à la maison avec eux, ou que tu aies une vie équilibrée entre tes différentes activités et tes différents amis ?

Que faire ?

- Organiser une nouvelle vie familiale

Propose à tes parents un ou deux rendez-vous dans la semaine, où tout le monde pourrait se retrouver autour d'un repas commun. Et essaie d'être de bonne humeur ces jours-là !

- S'aérer

Une grande fête à la campagne avec des vieux copains ? Un voyage de classe en Angleterre ? Impose-toi de passer un week-end de temps en temps, en dehors de ton amie et de sa famille. Si personne ne te propose plus rien, parce qu'on sait que tu ne fais rien sans elle, organise toi-même des activités et propose-les aux autres. Explique-lui que tu ne la fuis pas, mais que tu as besoin de t'aérer.

- S'investir

Oblige-toi à maintenir un minimum d'investissement dans tes anciens centres d'intérêt : continue à jouer au foot, à répéter avec ton orchestre, à te charger du barbecue chez tes parents...

- Sortir en bande

L'amour, c'est un élargissement du monde. Être amoureux, c'est inclure la personne qu'on aime dans le reste du monde. Alors, plutôt que de toujours rester chez elle à regarder la télé avec ses parents, ou de vous retrouver tous les deux en face à face, variez les plaisirs. Voyez des copains, faites des activités avec d'autres, organisez vos loisirs pour élargir votre réseau d'amis ! Vous serez encore plus heureux tous les deux ensemble après.

57

Mes parents ne veulent pas que mon petit ami vienne en vacances avec nous

Depuis quelques mois, on est amoureux fous. Les vacances arrivent, je n'ai pas envie de me séparer de lui juste au moment où on a du temps pour se voir. Mais mes parents ne veulent pas que je parte avec lui, ni qu'il vienne en vacances avec nous...

▸ Que se passe-t-il ?

C'est la première fois que cela t'arrive d'être follement amoureuse et de vouloir passer tout ton temps avec lui ? La situation est nouvelle pour tes parents aussi ! D'abord, ils ne sont peut-être pas habitués à emmener d'autres enfants que les leurs en vacances ? Peut-être aussi espéraient-ils te retrouver à ce moment-là, justement parce que, ces derniers mois, tu leur semblais très lointaine ? Sans doute sont-ils aussi inquiets devant cette relation qui semble tellement te transformer ? Peut-être n'ont-ils pas envie d'être confrontés à ta sexualité ?

Tu dois tenir compte de toutes ces questions. Deux adolescents passant des vacances ensemble, sous le même toit, vont évoluer dans leurs relations, même s'il ne s'agit pas seulement de sexualité entre vous. Sais-tu toi-même jusqu'où tu es prête à aller ?

De toute façon, tu arrives à un âge où on n'a plus tellement envie de passer toutes les vacances avec ses parents, même s'ils font tout pour vous faire plaisir. Et tu as donc envie de faire bouger les choses.

▸ Que faire ?

- Imaginer d'autres solutions

Si tes parents disent non aux vacances communes, ils seront sans doute arrangeants pour trouver une compensation. Il y a peut-être d'autres moyens de vous voir pendant les vacances ?

Évidemment, si c'est possible, le top, ce sont les maisons de vacances choisies à proximité par les deux familles. Mais cela peut aussi être un week-end commun, un voyage de quelques jours à plusieurs accepté par les parents...

- Préciser le cadre

Explique à tes parents comment tu conçois ces vacances : par exemple dis-leur tout de suite qu'il est bien entendu que vous dormirez dans des chambres séparées, ou bien que ton petit ami se contentera du canapé du salon. Cela peut suffire à apaiser leurs réticences.

▸ Signal d'alerte

Il peut aussi y avoir des malentendus entre vous deux sur le but de ces vacances communes : se connaître mieux, voir l'autre dans un univers différent, se fondre dans une bande de copains pour profiter du soleil et du ciel bleu ? Si vous n'êtes pas d'accord, les vacances peuvent être catastrophiques !

VI

Ma famille

58

Mon père, ma mère m'énerve

Quoi qu'ils disent, ils sont toujours à côté de la plaque, ils se mêlent de tout. Bref, mes parents m'agacent, même si je vois bien qu'ils font tout pour moi, même si je sais bien que je les aime toujours...

▸ Que se passe-t-il ?

Vers 13-14 ans vient l'âge où l'on regarde ses parents autrement. Les mêmes choses, les mêmes attitudes ou exigences de leur part, que tu acceptais il y a encore peu de temps, te sont maintenant insupportables. Rien que de les voir, cela t'énerve : c'est comme si la simple présence de tes parents t'envahissait, la moindre de leurs demandes t'empêchait de vivre. Quelquefois, c'est seulement l'un des parents qui agace particulièrement : les filles sont énervées par leur mère, à cause d'un défaut chez elle qu'elles ne supportent pas, les garçons voudraient avoir le dernier mot sur leur père...

Au fond de toi-même, tu sais bien que c'est trop, qu'il n'y a pas de quoi s'énerver ainsi. Et pourtant, très vite, le ton monte, les mots vont au-delà de ce que tu voudrais, des envies de violence te prennent, le désir de pousser tes parents à bout... Alors, les portes claquent et, même si ces éclats soulagent sur le moment, cela rend tout le monde malheureux, et n'apporte rien à personne.

+ de 15 ans

La tension monte ainsi jusqu'à 15 ou 16 ans, puis se calme peu à peu en seconde et première. Ensuite, les relations deviennent plus naturelles, mais elles seront toujours moins proches que dans l'enfance.

Les bonnes questions à se poser

Tes parents t'énervent-ils tout le temps, as-tu tout le temps besoin de t'opposer à eux ?

Reste-t-il des moments agréables, détendus entre vous, et des choses que vous aimez faire ensemble ?

As-tu besoin de montrer à tes parents que tu n'es plus leur petit enfant pour rompre le lien avec ton enfance ?

À travers cet énervement, cherches-tu à faire comprendre quelque chose à tes parents, sans trouver la bonne manière de le faire ?

Que faire ?

- Ne pas chercher à avoir toujours le dessus

Lorsque tes parents t'énervent, lorsque vous n'êtes pas d'accord entre vous, tu aimerais évidemment avoir le dernier mot. Souvent dans ton enfance, ils te clouaient le bec, même gentiment. Maintenant que tu as changé, tu voudrais que cela change aussi. Mais quand on est plusieurs, on ne peut pas avoir toujours le dernier mot... Et tes parents restent toujours responsables de toi.

- Savoir prendre du recul

Quand tu sens que le ton monte, aie le courage d'arrêter la discussion, en expliquant pourquoi : « Je suis éner-

vé(e), laissez-moi le temps de me calmer. » Et puis va faire un tour dehors, ou écouter de la musique dans ta chambre.

- Apprendre à argumenter

Une fois seul(e), tu as tout à fait le droit de continuer et de pousser au bout la discussion qui vient d'avoir lieu dans ta tête ou dans ton journal intime. Invente les arguments qui pourraient toucher tes parents, développe des stratégies. Réfléchis sur ce qui se passe, sur toi-même et ce que tu es en train de devenir. Cela te permettra, la prochaine fois, d'avoir les mots pour dialoguer, convaincre, sans t'énerver. Et c'est un art utile dans la vie que de savoir bien argumenter !

- Profiter des bons moments

S'il y a des moments de répit entre les énervements familiaux, tant mieux ! Les parents font en général preuve de beaucoup d'indulgence envers les sautes d'humeur de leurs enfants, quand l'orage est passé. Alors, s'il y a de bons moments, quand tu fais des courses dans les magasins avec ta mère, ou du sport avec ton père, profites-en, cela donne l'occasion de se prouver qu'on s'aime toujours !

▸ Signal d'alerte

Si tu ne peux pas t'empêcher de faire tout le temps de la provocation, si rien ne te plaît jamais, si tu fais comme si tu cherchais à rompre avec ta famille, c'est peut-être que tu as des difficultés à t'affirmer. Discutes-en avec tes parents, pour te permettre de prendre un peu de distance : aller passer des vacances ailleurs que dans ta famille ? Demander à être inscrit en internat ? T'installer pendant un trimestre chez des grands-parents ou des amis accueillants ?

59

Ma mère et moi, on s'engueule tout le temps

Dès qu'on se retrouve face à face, elle et moi, le ton monte, les horreurs fusent, les portes claquent, on finit à chaque fois par s'engueuler...

▸ Que se passe-t-il ?

Les mères et les filles, même (et surtout ?) si elles sont très proches et s'aiment beaucoup, traversent forcément des périodes de conflits à l'adolescence. Quand tu étais enfant, tu trouvais que ta mère était merveilleuse, s'habillait bien, avait raison sur tout. Et puis voilà que tout d'un coup tu ne la supportes plus. Tout chez elle t'énerve. Il y a de l'électricité dans l'air à chaque fois que vous vous parlez... Les mères de tes amies te paraissent mieux, plus sympa, plus ouvertes. Même si les autres disent la même chose de leur mère et trouvent la tienne très bien !

Il est normal et nécessaire de prendre de la distance avec ta mère, parce que tu as besoin de te différencier d'elle pour devenir adulte à ton tour. Mais en même temps, c'est forcément un peu douloureux. Si ces explosions reviennent presque tous les jours, se terminent par des crises de larmes, si on se fait la tête en permanence, cela finit par gâcher la vie de tout le monde à la maison, et par donner envie de fuir très loin de chez soi.

Repères

En général, vers 12 ou 13 ans, on commence à être souvent énervée par sa mère, mais en ayant encore besoin par moments de gros câlins.

Vers 14 ou 15 ans, on ne la supporte plus, parce qu'on est soi-même en train de se transformer en femme.

Et puis, vers 17 ou 18 ans, on se sent plus à l'aise soi-même et on retrouve de la complicité avec sa mère.

▸ Que faire ?

• Éviter de se retrouver face à face

Si on sait que le ton monte vite quand on se retrouve face à face, ce n'est pas la peine de chercher toutes les raisons de se disputer ! On peut poser à son père plutôt qu'à sa mère les questions de la vie quotidienne, ou bien discuter à trois plutôt qu'à deux de l'organisation ou des choix à faire.

• Savoir s'arrêter à temps

Quand la tension monte, il faut que l'une des deux, mère ou fille, ait le courage de dire : « Stop ! » Et puis on se sépare pour un moment, le temps de se calmer. Chacune va dans une pièce différente, et ce sera plus facile de reprendre le sujet plus tard. Sinon, dans l'énervement réciproque, des mots peuvent être échangés, qui vont trop loin, font mal et qu'on regrette ensuite.

• Discuter avec quelqu'un d'autre

Quand on a du mal à parler avec sa mère, cela fait du bien de discuter avec quelqu'un qui lui est proche, sa mère à elle, une tante... Cela peut permettre de comprendre pourquoi on a tant de mal à se parler et à vivre ensemble, ce que cela rappelle à travers l'histoire familiale. On peut aussi parler avec une autre mère, celle de sa meilleure amie par exemple, si on se sent à l'aise avec elle. Cela permet de mieux comprendre la sienne, et de s'en sentir proche quand même.

- Trouver une activité commune

  Quand la vie quotidienne est tendue, il faut chercher ce qu'on aime faire ensemble, et se réserver des moments pour cela : shopping, cinéma, ou un gros câlin comme autrefois... Quand il y a de bons moments, ceux qui sont difficiles, du coup, ont moins d'importance.

▸ Signal d'alerte

S'il n'y a plus aucun moment de détente, plus aucun bon moment passé ensemble, entre ta mère et toi, c'est signe que quelque chose menace de se casser entre vous. Comme il est très important pour toi d'entretenir des relations avec elle pour te construire, cela mérite des tentatives de « réparation », en cherchant quelqu'un avec qui parler de ce qui ne va pas. Ou en essayant de discuter de cela avec ta mère, en présence de quelqu'un d'autre que tu aimes bien.

60

Mes parents ne se rendent pas compte que j'ai grandi

Ils me prennent pour un bébé, me traitent comme mes petits frères et sœurs, ils ne me laissent rien faire, ils croient que je ne peux pas comprendre les préoccupations des adultes...

▸ Que se passe-t-il ?

Normal ! Pour des parents, les enfants semblent toujours plus petits qu'ils ne sont. Et surtout au moment où l'on change très vite.

L'adolescence est le temps des découvertes. Si tu n'as pas la possibilité d'essayer des chemins nouveaux, comment pourrais-tu découvrir le monde ? Le temps est venu pour toi de goûter à des activités, des amitiés nouvelles...

Si tu sens que tu manques d'autonomie, tu peux tout à fait en demander plus. Mais avant d'obtenir une totale liberté, il te faudra montrer ce dont tu es capable.

Et si, dans ces chemins nouveaux, tu rencontres des dangers, ou bien si tu t'aperçois qu'ils ne mènent nulle part, il faudra accepter de faire demi-tour. C'est une force de ne pas avoir peur de l'inconnu, d'aller de l'avant. Et c'en est une aussi de savoir s'arrêter à temps !

▸ + de 15 ans

De plus en plus, ce sera à toi de savoir être autonome

dans le cadre que tu te fixes. Car la liberté, ce n'est pas de pouvoir tout faire mais, au contraire, de construire son cadre et ses limites. Les parents sont là pour les rappeler.

▸ Que faire ?

- Faire reconnaître ce que l'on est devenu

Si tes parents ne voient pas que tu es en train de changer, c'est à toi de le leur dire ! Ils ne savent pas tout de toi, ne te comprennent pas toujours, et c'est tant mieux, car tu étoufferais. Peut-être ne prends-tu pas assez la peine d'expliquer calmement ce que tu souhaites, et te replies-tu sur toi-même pour ne pas te dévoiler ? As-tu peur au fond que tes parents comprennent tout, percent à jour tes émotions ?

- Négocier de l'autonomie

  Il y a des choses, à ton âge, que l'on n'a pas envie de partager avec ses parents : on a besoin d'aller à l'aventure, de ne pas être toujours sous le contrôle parental... Réfléchis à ce que tu désires en priorité, car tu ne peux pas tout avoir d'un coup, et prépare les arguments que tu vas développer pour l'obtenir. Par exemple, certains demandent à déjeuner une fois par semaine dans un fast-food plutôt qu'à la cantine. Ils expliquent que c'est un moyen de s'habituer à circuler en ville, et de voir leur meilleur(e) ami(e) tranquillement.

- Montrer ses compétences

  À toi de montrer à tes parents que tu es capable d'assumer la liberté dont tu estimes avoir besoin. Par exemple, sois parfaitement à l'heure aux rendez-vous fixés, téléphone si tu es en retard, prends position lorsque tu vois une imprudence à ne pas faire, renonce aux activités pour lesquelles tes parents ne sont pas du tout d'accord (passer la nuit dehors, le scooter...) pour mieux en négocier d'autres (la permission de coucher chez un copain après une fête, la conduite accompagnée...). Cela montrera que tu es capable de respecter un cadre.

▸ La bonne stratégie

Par exemple, si ta mère vient te chercher au collège tous les jours, parce que tu habites loin et qu'il n'y a pas de transports en commun : demande-lui de ne pas venir à l'heure exacte mais plutôt une demi-heure plus tard, et fixe le rendez-vous plutôt au centre de la ville. Explique que cela te donnera la possibilité de parler un peu avec les autres, de regarder les vitrines des magasins, les programmes de cinéma, de boire un chocolat chaud avec des copains... Et ne la fais pas attendre ensuite !

Apprendre à négocier

Exemples : Trouve les trois raisons qui pourraient faire que tes parents te refusent un deux-roues ; ou d'aller à une fête ; ou de passer le week-end seul avec des amis...

Envisage les trois arguments que tu peux opposer à leurs raisons.

Quels compromis peux-tu proposer pour trouver une solution « gagnant-gagnant », qui à la fois soit raisonnable aux yeux de tes parents et te permette de faire les choses nouvelles dont tu as envie ?

En début d'année, tes parents ont à signer une autorisation de sortie de l'établissement en cas d'absence des profs.

Imagine les trois motifs de refus qu'ils pourraient t'opposer.

Imagine les trois motifs qui pourraient les faire fléchir.

61

Mon petit frère est toujours sur mon dos

Il écoute ce que je dis au téléphone et se fiche de moi ensuite ; il voudrait que je l'emmène au cinéma avec mes copains, et en plus il raconte à mes parents tout ce que je fais...

▸ Que se passe-t-il ?

Les relations entre frères et sœurs ne sont jamais très faciles à l'adolescence ; il faut les réinventer en même temps qu'on change, et les plus petits ne sentent pas forcément tout de suite qu'on n'est plus sur la même longueur d'ondes avec eux.

Quand on a deux ans ou moins d'écart d'âge, on est forcément un peu rivaux. Alors, chacun cherche à se différencier de l'autre, en se créant son propre groupe d'amis, en s'intéressant à des choses personnelles. Mais l'autre, frère ou sœur, a les mêmes réactions : tout le monde peut donc s'entendre pour ne pas se marcher sur les pieds...

Quand on a trois ou quatre ans d'écart d'âge, le plus jeune est évidemment en admiration devant l'aîné, ou bien rempli de jalousie pour tout ce qu'il ou elle peut faire. Alors, évidemment, il essaie sans cesse de faire pareil, d'être avec lui ou elle, d'obtenir des parents la même autonomie, par exemple de pouvoir se coucher tard, ou sortir le soir. Et c'est difficile à supporter pour l'aîné !

Au-delà de six ou sept ans d'écart d'âge, le plus âgé est un peu comme un jeune adulte pour le plus jeune, et il y a moins de rivalité.

Filles et garçons

La rivalité est en général encore plus forte entre deux garçons, ou entre deux filles d'âges proches. Mais il peut y avoir aussi de vraies complicités entre frères et sœurs, surtout quand c'est aux dépens d'un troisième dans la famille !

▸ Que faire ?

- Se faire respecter

Il est normal que ton frère ou ta sœur frappe à la porte de ta chambre avant d'entrer si elle est fermée. Normal aussi que personne ne vienne fouiller dans tes affaires quand tu n'es pas là. Tu peux demander à toute la famille de respecter ces règles de vie en commun. À condition de faire toi aussi ce que tu exiges des autres... Chaque famille, ensuite, a des manières de vivre différentes.

- Créer des codes

Si tu trouves que, dans ta famille, les territoires de chacun ne sont pas assez marqués, tu peux proposer des codes : par exemple, mettre un panneau « ne pas déranger » sur la porte de ta chambre ; ou bien demander à tes amis de t'envoyer des textos si tu as un téléphone portable plutôt que d'appeler sur le téléphone fixe de la famille.

- Éviter le piège numéro 1

Il y a des familles où les enfants, sans s'en rendre compte eux-mêmes, se partagent les rôles : l'un est « parfait »

et fait plaisir à ses parents. L'autre, pour se différencier, fait exactement le contraire : il joue à l'affreux jojo, multiplie les bêtises, est désagréable... Les deux se forcent dans leur rôle et aucun n'est vraiment lui-même.

- Trouver des solutions en dehors de la famille

Si la situation est intenable pour toi, par exemple parce que ton frère fait bloc avec tes parents contre toi ou leur raconte n'importe quoi à ton sujet, c'est que quelque chose ne fonctionne pas dans la famille. En parler avec quelqu'un d'extérieur, ou même dans le cadre d'une psychothérapie familiale, peut aider à y voir plus clair et améliorer les choses.

- Aller vivre ailleurs

Si tu trouves que tes frères et sœurs te pourrissent vraiment la vie, tu peux demander à t'éloigner un moment de la famille, par exemple en allant passer un an chez tes grands-parents, ou en internat.

62

Mes parents m'empêchent de sortir

Je suis bouclée à la maison, pendant que mes copines s'amusent ensemble. Mes parents ne comprennent pas que j'ai besoin de sortir, de me détendre. Ils veulent tout le temps que je travaille, pour me garder sous leur contrôle...

▸ Que se passe-t-il ?

Manifestement, il y a un décalage qui te fait souffrir entre la vie que tu voudrais mener et celle que tes parents souhaitent pour toi. Il faut arriver à en comprendre les raisons et à trouver un compromis. Si tes parents te refusent de sortir, est-ce parce qu'ils ont peur qu'il t'arrive quelque chose, ne te croient pas capable de te débrouiller seul(e), se sentent encore totalement responsables de toi ? Ont-ils des raisons pour cela ? Est-ce que tu demandes beaucoup de liberté pour en obtenir un peu ? Est-ce qu'ils voudraient que tu travailles plus ? Ou bien te garder avec eux le plus longtemps possible ? Est-ce que tes sorties sont compliquées à organiser pour eux et les dérangent ?

▸ Que faire ?

- Rassurer ses parents

Tu ne peux pas travailler tout le temps, tu as besoin de voir des amis et de te détendre. Tes parents, eux, ont

besoin d'être tranquillisés sur ton rythme de vie et de te savoir en sécurité. Il faut donc que tu les rassures, et ce n'est que peu à peu que tu y arriveras. Si tu ne fais rien de mal, pourquoi ne pas leur dire avec qui tu es ? Même si cela t'agace, tu dois comprendre que les parents doivent savoir ce que fait leur adolescent de 12 ou 13 ans. Essaie aussi de choisir plutôt des copains qu'ils connaissent et aiment bien. Et, bien sûr, respecte les consignes et l'heure du retour, téléphone en cas de retard.

Filles et garçons

Les filles sont en général plus protégées par leurs parents, car ils les pensent plus fragiles physiquement, et ont peur du harcèlement sexuel, du viol. Elles ont plutôt envie de sortir pour aller chez des copines, ou faire du shopping ensemble.

Les garçons voudraient aller boire des pots le soir dans des bars, se promener dans les rues ou se déplacer en bande, assister à des grands matchs. Les parents ont alors peur de la violence, des accidents, et de la consommation de produits dangereux.

- Ajuster ses demandes

S'il n'est pas possible d'en parler avec eux, trouve des amis de tes parents, un oncle ou une tante, à qui en parler. Tu peux aussi en discuter avec un adulte moins proche, l'infirmière, un animateur de club sportif... pour mieux ajuster tes demandes à la réalité. Si, comme par hasard, tu es systématiquement en retard et que cela ne te déplaît pas de jouer avec l'inquiétude de tes parents, si tu te plains qu'ils sont toujours sur ton dos et que tu fais tout pour qu'ils le soient, c'est qu'il y a quelque chose entre vous qui ne fonctionne pas, sur quoi il faut réfléchir.

Repères

Voici des exemples de ce qui est possible pour des jeunes vivant en ville aujourd'hui, s'ils respectent le cadre fixé. Tout dépend ensuite aussi des conditions de vie et du style de chaque famille.

À 12-13 ans, on peut... rentrer du collège en traînassant un peu, faire une fête avec des amis connus des parents une fois de temps en temps, se rendre à une activité régulière en dehors de la maison et du collège.

À 14-15 ans, on peut... passer un après-midi avec des copains, aller prendre un pot en ville, faire du shopping avec des copines, aller manger les uns chez les autres, faire une fête tous les mois, rentrer après la tombée de la nuit à condition de dire où et avec qui on est.

À 16-17 ans, on peut... aller passer un week-end avec des copains, faire une virée ensemble, dire simplement « je sors, je vais à tel endroit, et je reviens à telle heure » sans plus de précisions.

- Procéder par étapes

Sortir, ce n'est pas seulement passer du temps avec des amis. Tu peux commencer, par exemple, par demander à aller seul(e) dans une librairie pour regarder des livres, ou bien une heure à la bibliothèque pour travailler sur un exposé. Et puis, plus tard, enchaîner les deux et rentrer seul à l'heure fixée. Ensuite, l'habitude sera prise de t'organiser seul(e) dans tes activités.

- Comparer son sort avec celui de ses copains-copines

Peut-être demandes-tu aussi une liberté excessive pour ton âge ? Bien sûr, il y a toujours un copain qui a le droit de faire tout ce que tu voudrais. Mais est-il plus heureux pour autant ? N'est-ce pas parce que ses parents se désintéressent de lui ? Et n'est-ce pas justement pour cela que tu le choisis comme copain ? Est-il en forme, réussit-il en

classe, a-t-il eu des accidents ? Mets tout cela en balance, et peut-être te diras-tu que tes parents n'ont pas complètement tort ?

Fais ton propre sondage

Tire au sort trois ou quatre garçons et trois ou quatre filles (en dessous, ce n'est pas un échantillon assez représentatif) parmi des amis de ton âge, dans le même niveau de classe que toi. Prépare des questions par écrit, sur les sujets qui te préoccupent.

Exemple : si tu demandes à ton père d'aller en boîte un mardi soir, que répond-il ? Si tu demandes à ta mère d'aller passer deux heures chez une copine qu'elle connaît, qu'est-ce qu'elle répond ? etc.

Et demande-leur de répondre franchement à toutes ces questions. Tu découvriras sans doute des choses, et tu pourras mieux définir l'autonomie que tu peux demander à tes parents.

▸ Signal d'alerte

Si vraiment tu ne vois personne, si tes parents aussi vivent de manière isolée, alors, il faut trouver des manières de mieux t'insérer parmi ceux de ton âge, car on ne peut pas vivre sans amis. Tu peux, par exemple, décider de t'inscrire à une activité collective (musique, sport, voyages) qui t'attire.

▸ La bonne stratégie

Cinq petites règles pour arriver à ses fins :

- Renoncer à tout vouloir tout de suite

Exemple : si tes parents sont contre les sorties le soir, demande la permission de 11 heures, en précisant bien que tu renonces à passer la nuit sur place, alors que tu y étais invité(e) ; et propose-leur de venir te chercher pour connaître tes amis.

- Toujours exposer les raisons de tes demandes

  Exemple : si tu as envie d'aller à une fête, explique en quoi il est important pour t'intégrer dans la classe de prendre part à cette soirée, où tu retrouveras des gens que tu as envie de connaître mieux. Inutile de raconter que tu veux juste y passer pour récupérer une liste de vocabulaire anglais !

- Ne jamais disqualifier les positions de l'autre

  Exemple : si tu habites à la campagne loin de tout et que tu voudrais avoir une chambre en ville, n'attaque pas en disant que c'est idiot de vivre dans un trou perdu, puisque c'est le choix de tes parents. Parle plutôt de tes difficultés à voir tes copains, amène-les sur ton terrain, pour trouver ensemble les moyens de ton autonomie.

- Par-delà le refus, essayer d'en comprendre le sens, plutôt que de se mettre en colère

  Exemple : tu veux un scooter, et c'est « niet ». Aie le courage de continuer à discuter, au-delà de ta déception et de ton énervement, des risques d'accident dont parlent tes parents. Le danger est peut-être trop grand, mais si tu préparais ton permis de conduire dès 16 ans, en conduite accompagnée, ta future liberté se profilerait...

- Terminer gagnant/gagnant

  Exemple : tu veux acheter une minijupe sexy. Ta mère est contre. Tu peux reconnaître que ce n'est pas forcément une tenue adaptée pour aller en classe. Mais explique aussi que tu as envie de jouer à la femme de temps en temps. Tu peux peut-être te la faire offrir, en promettant de ne la mettre que pour les fêtes, en montrant que tu prends en considération l'avis de tes parents...

À savoir

Les règles de la communication

Avant de commencer une discussion difficile, il faut se donner en quelques mots un ordre du jour, des règles du jeu, des objectifs, établir des priorités et fixer le moment où on s'arrête.

On ne peut pas toujours avoir la maîtrise de la communication ; il faut que chacun alternativement prenne l'initiative.

On ne discute pas sur commande, les deux personnes doivent être disponibles. Il faut donc parfois fixer un rendez-vous à l'avance pour parler.

Quand on commence à s'énerver, il faut savoir s'arrêter et reprendre la discussion plus tard, plutôt que de se disputer.

C'est un jeu dangereux que de pousser la discussion à bout, jusqu'à la mauvaise foi.

63

Mon père ne s'intéresse pas à moi

Mon père a quitté ma mère il y a longtemps, et nos vies se sont séparées. Aujourd'hui, j'aimerais bien le connaître mieux, mais lui ne semble pas s'en rendre compte...

Mon père vit avec nous, mais il n'est jamais là, et il fait comme si je n'existais pas.

▸ Que se passe-t-il ?

C'est une vraie souffrance pour un adolescent, garçon ou fille, de ne pas connaître, ou de mal connaître son père. Car on a besoin de savoir ce que pense chacun de ses parents : leurs idées religieuses, politiques, ce qu'ils aiment de la vie, ce qu'ils ressentent. C'est comme si on voulait toucher leur personne au plus profond, alors qu'auparavant « l'enveloppe », les contours de leur personnalité suffisaient à notre curiosité. Cela peut se saisir dans des moments de vie partagée, quand les parents sont disponibles et détendus, par exemple au cours de grandes discussions, à table ou ailleurs, seuls ou avec des amis. Mais quand ces moments n'existent pas, parce qu'un des parents ne vit plus avec sa famille, ou bien quand on n'arrive pas à le comprendre, parce qu'il se dérobe à la discussion, ou bien parce qu'il n'est jamais là, cela manque terriblement.

Que faire ?

- Le point avec lui

Surtout s'il ne vit pas avec toi, ton père ne peut pas se rendre compte tout seul que tu as changé, ni deviner que tu souhaites passer plus de temps avec lui. C'est à toi de le dire. Explique-lui aussi les difficultés de communication que tu as avec lui. Avez-vous perdu le contact tous les deux parce cela fait longtemps que vous vivez loin l'un de l'autre ? Peut-être a-t-il fait dans le passé des efforts pour te voir, qui ne semblaient pas t'intéresser, et s'est-il découragé ? À 8 ou 10 ans, tu préférais voir tes copains plutôt que d'aller en week-end chez lui !

- Trouver des activités communes

La manière la plus naturelle de renouer le contact est de partager une activité qui vous plaise à tous les deux : aller ensemble au cinéma un soir dans la semaine, jouer au tennis pour lui montrer tes progrès, lui demander de l'aide s'il se débrouille bien en maths... Pose-toi la question de ce que tu peux lui demander, de ce qui te ferait plaisir de faire avec lui. Et ose le demander, avec humour si possible (voir La bonne stratégie).

- Communiquer par personnes interposées

Si tu t'entends bien avec un de ses amis, un de ses frères, cultive cette relation, parle de toi et de tes difficultés, éventuellement. Ainsi, ton père saura ce que tu deviens, ce que tu penses, et il sera plus facile, le jour venu, de renouer les relations.

La bonne stratégie

Pose sur son bureau un papier : « Je sollicite un rendez-vous... Je voudrais passer un week-end avec toi... » Et puis vois comment il réagit :

1. Il a vu, il est étonné mais content, il est d'accord et te propose une date, un projet ?

Tu as gagné... Ton père est capable de t'écouter et de communiquer. Profites-en bien !

2. Il fait celui qui n'a rien vu... ?

Peut-être est-il mal à l'aise, peut-être n'est-ce pas le bon moment ? Monte d'un cran supplémentaire, par exemple en laissant le même message à plusieurs endroits (la glace devant laquelle il se rase, entre les pages du journal qu'il va lire, sur le pare-brise de sa voiture...).

3. Ton père s'énerve, ne comprend pas ce qui te prend ?

Tu l'as touché au vif, ta démarche le dérange. C'est effectivement que le courant a du mal à passer entre vous. Parles-en à des personnes qui le connaissent bien et sauront trouver les mots qu'il faut pour l'amener à t'écouter.

64

Mon père me rejette

Jamais une parole tendre, jamais un compliment. Mes résultats scolaires lui semblent toujours insuffisants ; quand on travaille ensemble, on s'énerve, et, si j'ai des difficultés, j'ai l'impression qu'il me méprise.

▸ Que se passe-t-il ?

Le mépris ou l'indifférence de ton père est évidemment une vraie souffrance, même si tu dis que tu t'en fiches. D'ailleurs, c'est peut-être pour cacher ta blessure que tu répètes que cela t'est égal, et que tu fais des bêtises. Car, en même temps, comme par hasard, tu te fais du mal autrement, en accumulant les accidents, ou en prenant des produits dont tu sais bien qu'ils sont mauvais pour toi, en refusant d'apprendre au collège ou au lycée, en te mettant partout en échec, y compris dans ce que tu aimes. N'est-ce pas une manière de chercher à obliger ton père à s'occuper de toi ? Tu risques au contraire qu'il s'intéresse de moins en moins à toi, et surtout t'estime de moins en moins. Il y a d'autres stratégies que de se détruire pour attirer l'attention de son père !

▸ Que faire ?

- Ne pas se focaliser sur les résultats scolaires
  Ton père semble ne s'intéresser qu'à tes résultats sco-

laires. Comme tu n'es pas premier en tout, tu as toujours l'impression de le décevoir, même si tu as travaillé du mieux que tu pouvais ? Mieux vaut qu'il ne s'en mêle plus ! Par exemple, demande-lui de travailler plutôt avec un étudiant.

• Trouver du plaisir ensemble

Plutôt que d'en vouloir à ton père de ces séances de maths qui se passent mal, et d'être en opposition constante avec lui dans tous les domaines à cause de cela, essaie de trouver les activités qu'il vous plairait à tous les deux de faire ensemble. Et profitez agréablement de ce temps que vous consacriez jusque-là aux maths pour vous redécouvrir autrement.

• Garder le contact

En attendant, pour ne pas te couper complètement de ton père, trouve le moyen de garder le contact avec lui par personnes interposées : par exemple avec tes grands-parents, ses parents, qui sauront lui dire à l'occasion combien ils t'apprécient, et tout ce que tu fais de bien !

▸ Signal d'alerte

Si à chaque fois que tu es face à ton père, par exemple pour travailler ensemble, tu as l'impression d'avoir la tête vide, si tu te sens incapable de progresser, c'est signe qu'un lien anxieux s'est constitué entre vous sur ce sujet scolaire. Vous êtes ligotés ensemble et vous n'êtes plus efficaces, même pour autre chose que les maths. Au lieu de vous débattre dans ces liens qui vous font mal et vous enserrent toujours plus, il faut prendre de la distance entre vous. Mais toi seul peux le sentir et le dire.

65

Je vis seul avec ma mère ; on ne se supporte plus

Depuis que mon père est parti, ou depuis toujours, je vis seul avec ma mère. Quand j'étais petit, cela se passait bien, on était très proches. Mais depuis quelque temps, c'est devenu insupportable, les mots et la violence montent...

▸ Que se passe-t-il ?

Quand on vit à deux, face à face tous les jours, on devient très dépendants l'un de l'autre. C'est ce qu'on appelle dans le jargon psychologique le « collage » : on se sent obligé d'être là tout le temps, à tous les repas, pour ne pas laisser l'autre seul. En retour, on supporte mal qu'il ou elle ait des activités en dehors de soi. Un climat de tension peut alors se créer : les petites choses irritent, et elles reviennent tous les jours, de la même façon, entre les deux mêmes personnes. Cela provoque des disputes, ponctuées de grandes réconciliations, avec du chantage à l'amour, et au fond une grande inquiétude de se séparer vraiment et de se retrouver chacun seul.

Du coup, on n'ose plus inviter personne à la maison, à cause de la mauvaise ambiance qui y règne ; on n'arrive plus à travailler, on déprime, on vit sous la menace de la rupture totale, comme s'il n'y avait pas d'intermédiaire possible.

Cela arrive souvent entre une mère et un adolescent, surtout lorsqu'il s'agit d'un garçon. Quand tu étais enfant, ta mère s'est beaucoup consacrée à toi, parce que tu en avais besoin. Or maintenant, tu as plutôt besoin de prendre de l'air et de l'autonomie, tu étouffes et il y a des moments où tu aurais envie d'exploser. Mais le tournant est difficile à prendre pour tous les deux et si vous ne vous êtes pas bien préparés, vous souffrez de ne pas y arriver.

Faut-il vous « décoller » ?

Est-ce que tu sais toujours exactement ce que fait ta mère quand tu n'es pas à la maison ?

Est-ce que tu racontes toujours tout de ta vie à ta mère, parce qu'elle te pose des questions ?

Est-ce que vos repas se passent souvent en silence ?

Est-ce que tu préfères ne pas inviter de copains à la maison, pour que ta mère ne fasse pas de commentaires sur eux ?

Est-ce que tu te sens injuste, parce que chacune de ses paroles t'énerve, alors qu'il n'y a pas de quoi ?

Cela vous arrive-t-il de passer plusieurs week-ends entiers de suite sans que personne ne vienne chez vous, sans que vous alliez chez d'autres ?

Si tu as plus de trois OUI, la tension monte, il faut prendre de la distance...

▸ Que faire ?

• Saisir toutes les occasions de faire des choses chacun de son côté

La manière la plus naturelle de prendre de la distance est de saisir toutes les occasions de partir régulièrement, par exemple en week-end chez un copain, pour les vacances en camp ou chez quelqu'un de ta famille que tu aimes bien et où l'on vit à plusieurs, différemment... Si cela t'inquiète de laisser ta mère seule, préviens tes grands-parents, ou ses amis, pour qu'ils l'invitent et qu'elle ait elle aussi des projets agréables pendant ce temps.

- Renoncer à son pouvoir

Pour gagner ta propre liberté, encourage les relations amicales de ta mère, montre que tu es content de ce qu'elle vit en dehors de toi, sois aimable avec les gens qu'elle fréquente, et même avec son ami ; accepte ses occupations sans les dévaloriser. En effet, devenir adulte, c'est renoncer à vérifier qu'on peut énerver ou mettre en colère ses parents, c'est aussi accepter de ne plus avoir de pouvoir sur eux, ne pas vouloir les changer ou gouverner leur vie.

- Avoir le courage de changer de vie

Si cela vous fait du bien de vous séparer, mais que la tension et les disputes reprennent dès ton retour à la maison, il faut envisager une vie différente. Pour toi comme pour ta mère, cela demande du courage !

Tu peux demander à essayer l'internat, ou à changer de mode de garde en allant vivre chez ton père, s'il est d'accord. En expliquant bien qu'il ne s'agit pas de fuir l'autorité de ta mère, mais de prendre de la distance pour retrouver des relations plus sereines. Attention, ces changements importants ne doivent pas se faire sous le coup de l'urgence et dans la colère. Ils se préparent, sereinement, au moins le temps d'une année scolaire. Et, en aucun cas, il ne s'agit d'exercer un chantage au départ...

▸ + de 15 ans

Après 16 ou 17 ans, tu peux envisager, si c'est possible financièrement, de prendre une chambre indépendante à proximité de la maison familiale. Mais ce n'est pas facile non plus de vivre seul !

▸ Signal d'alerte

Il est toujours fascinant de savoir qu'on peut déclencher l'énervement ou la peur chez ses parents, et on a tendance à en jouer. Quand un garçon est tellement énervé qu'il éprouve la tentation de tout casser, il doit avoir le courage de s'arrêter. Par exemple en disant : « Plus tu t'approches, plus cela m'énerve ; laisse-moi tranquille, je ne ferai pas de bêtise, mais je vais faire un tour. »

66

Mon père a pété les plombs, ma mère déprime

Souvent, ma mère se met à pleurer sans que je comprenne pourquoi. Mon père est tout le temps irritable, parfois il boit trop et j'ai peur alors de sa violence...

▸ Que se passe-t-il ?

Au moment où leurs enfants deviennent adolescents, les parents traversent souvent eux-mêmes une période difficile. On appelle cela « la crise du milieu de la vie ». L'existence actuelle est faite de beaucoup de tensions, ils peuvent rencontrer aussi des difficultés dans leurs métiers. Parfois, ils ne s'entendent pas très bien. Ce n'est pas facile non plus pour eux de voir leurs enfants grandir, d'être d'accord sur l'attitude à avoir, et il faut bien avouer que les adolescents ont l'art de compliquer la vie familiale !

Tout cela fait que les parents peuvent traverser des périodes de dépression. Les hommes expriment souvent cela de manière impulsive, en étant irritables et, au pire, violents. Les femmes, plus souvent, ont des problèmes de sommeil et sont tristes. Mais il peut y avoir également des mères irritables et des pères déprimés !

Que faire ?

- Exprimer son inquiétude

  Le meilleur service que tu puisses rendre à tes parents est de leur dire que tu as remarqué ces changements, leur tristesse ou leurs difficultés. Tu peux leur en demander les raisons, mais aussi proposer de faire quelque chose pour eux. C'est une manière de dire que tu les aimes et que tu es attentif à ce qui leur arrive.

- Ne pas essayer de vouloir soigner ses parents

  Ils te répondront probablement que tu n'y es pour rien et que tu ne peux rien faire. C'est parfaitement vrai ! Mais si tu crois que c'est utile, tu peux leur dire que tu aimerais bien qu'ils se fassent aider par d'autres adultes, amis ou professionnels.

- Trouver un adulte pour parler de ce qui arrive

  Pour comprendre ce qui se passe, il faut l'expérience d'un adulte. Si tu as quelqu'un de proche avec qui tu t'entends bien, par exemple une tante, ou un de tes profs, parles-en. Il ou elle pourra te soutenir, prendre un peu auprès de toi la place de tes parents.

- Vivre sa vie

  Les difficultés de tes parents ne doivent pas t'empêcher de sortir et de voir des amis. Au contraire, cela te permet de te détendre pour être ensuite plus en forme avec eux. Si tu es, toi, en forme, ils auront un souci de moins !

Signal d'alerte

Si tu te rends compte que tes parents ne peuvent plus faire face (la maison est toujours en chantier, les courses de nourriture et les repas ne sont plus assurés, ils ne vont plus travailler...), alors il faut en parler, par exemple au médecin de famille ou à l'assistante sociale de ton établissement.

Si ton père est violent envers toi sans raison, s'il te menace, toi ou le reste de la famille, si sa consommation d'alcool augmente, il faut aussi demander de l'aide à des professionnels. Cela peut être mieux pour toi aussi d'envisager d'aller vivre un moment ailleurs, chez quelqu'un de ta famille ou en internat.

67

Je ne dis plus tout à ma mère

Avant, j'avais l'habitude de tout raconter à ma mère : mes histoires avec mes copines, ce qui se passait à l'école, tout ce que j'avais dans la tête. Maintenant, quand elle me pose des questions, j'ai l'impression que je ne devrais pas tout lui dire...

▸ Que se passe-t-il ?

C'était agréable de tout raconter, de partager tes soucis avec ta mère pour qu'ils soient moins lourds à porter, d'avoir l'impression d'être toujours comprise. Mais ce plaisir qui paraissait évident quand tu étais enfant te trouble maintenant. Tu te demandes si tu fais bien de parler de tes doutes, de ta tristesse parfois, de tes histoires de cœur... Tu n'as pas envie, mais tu ne peux pas t'empêcher : c'est comme si quelque chose à l'intérieur de toi te disait qu'il faut maintenant que tu prennes tes distances.

Peut-être es-tu partagée entre deux parties de toi-même : l'une encore enfant, et l'autre qui change, et voudrait garder une part de mystère. Un conflit se joue en toi en ce moment. Peut-être préfères-tu parler avec une amie de ton âge (voir 32, Je ne peux pas vivre sans mes amis) ? Elle te comprend mieux et remplace ta mère dans ce rôle de confidente.

En effet, tu n'es pas obligée de dire toujours à ta mère tout ce que tu fais, tout ce que tu penses. Surtout si tu ne fais rien d'interdit ! Tu as le droit de cultiver en toi un jardin secret, et c'est utile aussi de savoir garder des choses pour soi, de réfléchir seule. L'essentiel est d'avoir quelqu'un à qui parler quand tu en as besoin, et de trouver peu à peu avec ta mère une relation juste, où chacune se sent à l'aise. Dans chaque famille, les modes de communication sont différents : certaines mères et filles sont très intimes, d'autres gardent plus de domaines secrets, tout en partageant autant de tendresse.

▸ Que faire ?

• Prendre doucement ses distances

Peut-être ta mère, qui a déjà vécu cela dans son adolescence, comprend-elle très bien que tu changes, que tu as besoin d'un jardin secret, ou de faire plutôt tes confidences à ta meilleure amie. Vous pouvez en parler, car cela n'enlève rien à votre tendresse réciproque ! Elle s'empêchera alors de te poser trop de questions, et tu prendras l'habitude de ne pas tout lui raconter. Elle sera toujours là pour les choses importantes !

• Gagner progressivement la confiance

Si ta mère n'arrête pas de te poser des questions, parce qu'elle s'inquiète de savoir ce que tu penses ou ce que tu vas faire, passez un contrat : respecte les horaires et le cadre fixés par tes parents. En remplissant tes engagements, tu montres que l'on peut te faire confiance. Et en dehors de ces impératifs, tu es libre de faire ce que tu veux, et de ne pas tout raconter à ta mère !

• Distinguer l'inquiétude de l'angoisse

Si tu sens que ta mère est très angoissée de ne pas tout savoir de toi, parce qu'elle pense qu'une catastrophe va t'arriver, c'est évidemment un peu exagéré ! Mais peut-être toi-même as-tu du mal à ne pas t'inquiéter quand vous n'êtes pas ensemble ? Alors, il faut parler de cette inquiétude, et essayer de s'en dégager par étapes. Tu pourras ainsi conquérir ton autonomie (voir 26, Je n'ai pas envie de quitter la maison) !

- Faire appel à son père

Si tu as l'impression que vous n'arrivez pas à franchir ces étapes, que ta mère veut tout savoir de toi et de ce que tu fais, tu peux faire appel à ton père : il n'a pas les mêmes inquiétudes, a sans doute un autre avis, et ils pourront réfléchir ensemble. Si ton père n'est pas là, parles-en avec une tante, ou une amie de ta mère...

▸ Signal d'alerte

Si, à force de tout vous raconter, ta mère te dit tout de sa vie, en particulier les détails de sa vie amoureuse et même sexuelle, et que cela te gêne, tu as le droit de lui dire : « Je n'ai pas envie que tu me racontes cela, je ne suis pas ta copine ! »

68

Je voudrais une chambre indépendante

Je partage ma chambre avec mon petit frère, ou ma petite sœur, qui se mêle de tout, tripote mes affaires. J'aimerais avoir une chambre indépendante, pouvoir écouter ma musique tranquillement, être enfin seul(e), sans contrôle...

▸ Que se passe-t-il ?

C'est au moment où ton corps change que l'espace qui t'est dévolu dans la maison ne te suffit plus : tu débordes de partout, avec tes affaires qui traînent, ta musique qui fait du bruit, tes posters pour recouvrir le vieux papier peint à ballons multicolores ! Quand quelqu'un pénètre dans ton domaine, petit frère bruyant, mère curieuse ou femme de ménage efficace, tu te sens envahi, agressé. Quelquefois, tes parents, parce qu'ils veulent t'offrir ce qu'il y a de mieux, ont déjà prévu pour toi une chambre indépendante et ils l'ont décorée à leur idée. Du coup, ils t'obligent à la garder en ordre, t'interdisent de mettre des posters au mur parce que cela abîme le papier, etc. Tu ne te sens vraiment pas chez toi, mais seulement invité dans la maison familiale.

Alors, tu rêves d'ailleurs... un petit coin bien à toi, une porte qui ferme à clé, ou bien encore mieux, une chambre indépendante, en dehors de la maison familiale, dont tu pourrais choisir la déco et le mobilier. Et surtout où tu serais le seul maître de l'ordre et du ménage !

Quand on a besoin de conquérir son autonomie, on a évidemment aussi envie d'un espace à soi. Pour le plaisir d'être seul, de rêvasser, de réfléchir à soi et à son avenir, pour écouter de la musique, se sentir bien dans sa bulle. Ce sont des choses que les parents peuvent comprendre, même si c'est compliqué à organiser.

▸ + de 15 ans

Si l'indépendance matérielle est importante pour toi, réfléchis à tes projets d'avenir en fonction de cela : faire des études dans une autre ville, travailler pendant les vacances, ou bien en alternance avec ses études, peut permettre de conquérir cette autonomie après 18 ans. Et puis rêver d'un ailleurs donne envie de grandir et de se débrouiller seul !

▸ Que faire ?

• Trouver un compromis

Il faudrait à la fois que tu aies un espace à toi dans la maison, et que celui-ci fasse partie d'un ensemble où il fait bon vivre. Dans chaque famille, le « niveau de désordre acceptable » est différent, mais il y a des règles, qui servent à rendre la vie commune agréable. À toi, à l'intérieur de ces règles, de négocier un espace pour toi, même si c'est seulement un coin de chambre, fermé par une étagère ou un rideau.

• Montrer de quoi on est capable

Pour obtenir plus d'autonomie et faire respecter son territoire, il faut en accepter la responsabilité. Une chambre doit être gérée au minimum : aération, ménage, ordre... Tu peux demander à ta mère de t'aider au début, pour t'y prendre mieux, pour qu'elle te fasse confiance et... qu'elle n'ait plus la tentation de faire du rangement en ton absence.

- Respecter l'espace des autres

Tes parents ont la mission de t'apprendre à vivre en société, c'est-à-dire à respecter l'espace des autres. Ils peuvent avoir des valeurs différentes des tiennes sur le sujet de l'ordre, mais ce sont eux qui les fixent et tu es bien obligé(e) de t'y plier dans l'espace commun. Si toi, cela ne te gêne pas de laisser traîner tes affaires, c'est peut-être parce que tu sais qu'ils seront derrière pour ranger ? Si cela doit empoisonner vos relations, préfères-tu te battre sur le sujet de l'ordre, ou es-tu prêt(e) à faire un effort ?

- Fermer sa porte

Une fois le compromis trouvé, l'autonomie matérielle acquise, on peut faire ce que l'on veut chez soi ! Ferme ta porte, ton rideau, mets un panneau devant pour marquer ton territoire et demande que l'on frappe avant d'entrer ! Ni tes frères et sœurs, ni tes parents ne devraient venir fouiller dans tes affaires quand tu n'es pas là.

▸ + de 15 ans

Pour vivre dans une chambre indépendante et se débrouiller seul, il faut s'y préparer, dès que l'on a 15 ans.

Être à l'aise avec les contraintes matérielles : s'occuper du ménage, de sa nourriture à l'avance, de ses vêtements, se soigner quand on est malade...

Apprendre à gérer son budget, prévoir et adapter ses besoins, sans devoir quémander une rallonge ou paniquer devant l'imprévu.

Avoir les nerfs solides pour affronter la solitude, la supporter d'abord puis l'apprécier et bien l'utiliser ensuite.

▸ Signal d'alerte

Quand on n'arrive pas à vivre seul(e), la tentation est grande de sortir tous les soirs, pour retrouver une ambiance amicale, du bruit, de la gaieté, une forme de prise en charge par le groupe. Beaucoup de jeunes se mettent ainsi en échec dans leurs études, parce qu'ils n'ont pas appris à gérer leur autonomie.

69

Mes parents ne s'entendent plus

C'est l'horreur à la maison : tension permanente, éclats de voix, menaces de divorce... Impossible de vivre et de parler tranquillement, de s'amuser ou d'amener des copains dans cette ambiance.

▸ Que se passe-t-il ?

Quand on est ainsi confronté à la mésentente de ses parents, on oscille souvent entre l'envie de fuir pour échapper à cela, et le devoir d'être là pour calmer les choses, pour protéger un de ses parents contre l'autre. Peut-être crois-tu que ta présence permettra d'éviter la rupture : tu te sens alors obligé de jouer un rôle d'adulte et de protecteur auprès de tes parents. Ce qui est très difficile, surtout vers 14 ou 15 ans, un âge où l'on est hypersensible, et où l'on a besoin de prendre de la distance avec sa famille.

Beaucoup d'adolescents dont les parents ne s'entendent pas, et qui en souffrent, cherchent un refuge dans les bras d'un petit ami ou d'une petite amie et dans la famille de ceux-ci.

▸ Que faire ?

- Savoir qu'on n'y peut rien
  Il est exceptionnel que les enfants puissent réellement

aider leurs parents dans leur relation de couple. En voulant jouer ainsi ce rôle, ils prennent une place qui n'est pas la leur. De toute façon, il t'est impossible d'être tout le temps avec tes parents pour veiller à ce que cela ne dégénère pas.

- Prendre de la distance

Si l'atmosphère de la maison est tendue, ou triste, que cela t'empêche d'être heureux(se), de travailler, de te sentir libre, alors tu as le droit de dire à tes parents que tu ne supportes plus cette ambiance, et que tu préfères prendre un peu de distance. Tu peux aller en internat ou chez d'autres membres de la famille, pendant un certain temps.

▸ À ne pas faire

- Dévaloriser sa famille

Malgré toutes leurs difficultés, ta famille et tes parents ont des qualités et tu les aimes. Dévaloriser sa propre famille, cela revient à se dévaloriser soi-même, à se priver d'une partie de soi et de son histoire familiale.

- Prendre parti

Même s'ils te le demandent, tu dois éviter de prendre parti pour l'un ou pour l'autre de tes parents. Dans leur conflit, soit il s'agit de leur vie et tu n'y es pour rien, tu ne peux rien pour eux. Soit c'est à propos de toi qu'ils s'affrontent. Dans ce cas, n'en rajoute pas en te faisant l'allié(e) de l'un contre l'autre. Même si c'est valorisant d'être pris comme un confident, à la manière d'un adulte, il faut le refuser.

- Se couper de son père ou de sa mère

On ne peut pas avoir de bonnes relations avec un de ses parents si cela oblige à se couper de l'autre. Une fusée, pour décoller, a besoin de ses deux boosters. Si l'un des deux se détache durant l'envol, la navette est déséquilibrée et avance de travers. De même, quand on perd une partie de son histoire et de ses relations, on risque de grandir de travers !

▸ Signal d'alerte

Si tu as l'impression qu'un de tes parents peut vraiment faire du mal physiquement à l'autre, ce n'est pas acceptable et cela ne peut pas durer. Et en tout cas tu ne peux pas gérer cela seul(e). Tu dois en parler à un médecin, à une assistante sociale scolaire, à des adultes formés pour s'occuper de cela.

70

Mes parents divorcent

Je m'en doutais ! L'atmosphère entre eux était pesante, et il m'est arrivé de penser que, s'ils se séparaient, ce serait aussi bien...

Cela m'est tombé dessus comme un coup de tonnerre, je ne m'attendais pas à cela...

▸ Que se passe-t-il ?

Que l'on s'y attende ou pas, c'est normal d'être atteint par la nouvelle ! Le divorce de ses parents bouleverse toujours, fait souffrir et remet en question toute l'organisation de la vie. On peut avoir l'impression que tout s'effondre, on n'arrive plus à penser à autre chose, en classe on ne peut plus se concentrer par exemple. Plusieurs réactions immédiates peuvent s'entremêler. On peut se dire : « C'est leur affaire, cela ne me regarde pas ; je veux rester chez moi, garder mes copains, pour que cela au moins reste stable. » Mais on peut aussi se faire du souci pour celui de ses parents qui est malheureux, qui pleure. On voudrait l'aider, on en veut à l'autre de le faire souffrir. Et on se retrouve pris malgré soi dans la tourmente, surtout si la procédure de divorce se passe mal. On peut aussi avoir l'impression d'être lâché par ses parents, parce qu'ils sont tellement occupés par leurs propres problèmes qu'ils ne s'intéressent plus à leurs enfants. Alors souvent, on a envie de fuir la maison.

Pourtant, même si c'est très difficile à vivre sur le moment, le divorce de tes parents ne t'empêchera pas d'être heureux de nouveau. Et parfois, la séparation est une décision saine et courageuse de leur part pour éviter à leurs enfants des souffrances ou des violences plus importantes.

▸ Les bonnes questions à se poser

Ce n'est pas à toi de décider de l'organisation de ta vie, mais à tes parents avec le juge aux affaires familiales. Mais si tu as plus de 12 ans, on te demandera sans doute ton avis pour ce qui te concerne. Réfléchis-y à l'avance.

• Vivre avec son père ou avec sa mère ?

La tentation naturelle est de vivre avec celui qui conserve la même maison et qui a la vie sociale la plus intéressante. Mais en même temps, parce qu'on aime ses parents et par solidarité, beaucoup d'enfants choisissent de vivre avec celui qui souffre le plus du divorce. On peut avoir une préférence pour d'autres raisons, en dehors des habitudes ou de la logique, qui peuvent être parfaitement justifiées et que l'on peut expliquer.

• Où continuer ses études ?

Dans l'organisation scolaire, il faut prévoir à l'avance, et on ne peut pas changer tout le temps. Quand on est heureux là où on est et qu'on a de bons copains, on préfère ne rien changer. Mais ce divorce peut être l'occasion de redémarrer une nouvelle vie ailleurs, dans une ville et un établissement différents. Si tu n'as pas envie de choisir entre tes parents, cela peut être une solution d'aller vivre en internat pendant quelque temps. Sans doute y retrouveras-tu d'autres jeunes dans la même situation que toi.

▸ À savoir

Quelquefois, on tombe justement amoureux à ce moment-là, et on est bien content de passer son temps dans la famille de son ou sa petit(e) ami(e) pour se détendre.

▸ Que faire ?

• Se tenir à l'écart du conflit

La vie affective de tes parents leur appartient et tu n'as rien à savoir de leurs conflits. Sauf pour ce qui te concerne. Même si l'un ou l'autre a la tentation de te faire des confidences, tu peux lui demander de ne pas te parler de ce qu'ils se reprochent réciproquement. C'est plus prudent, d'ailleurs, pour garder de bonnes relations avec les deux.

• Parler

Quand un tel bouleversement survient dans la famille, on a besoin d'en parler. Mais pas seulement avec ceux qui sont concernés, et donc émus par l'événement. On peut parler de ses problèmes avec un autre adulte, un oncle, une tante, ou même avec un psychologue, qui est justement habitué à répondre à ce genre de questions. Tu peux aussi profiter de l'expérience des copains sur le sujet : dans chaque classe, il y en a plusieurs à qui cela est arrivé, et ils pourront te dire comment ils l'ont vécu. Mais garde-toi aussi des moments de détente avec eux pour parler de tout autre chose !

• Être solidaire

Si tu as des frères et sœurs, et qu'il n'y a pas trop d'écart d'âge entre vous, vous pouvez parler ensemble de ce qui se passe. C'est une manière de se sentir solidaires et de s'aider dans les difficultés, une manière aussi de garder les souvenirs du passé. Si vous souhaitez rester ensemble dans votre nouvelle vie, il faut le dire.

• Préserver de bons moments

Après la séparation de tes parents, l'important est de garder des moments ensemble, avec chacun d'eux, et qu'ils soient le plus agréable possible. Ce qui était naturel avant doit maintenant s'organiser à l'avance, et ce qui se glissait dans les trous de ton emploi du temps doit devenir une priorité. Il faut donc prévoir les moments, soirées, week-ends ou vacances, à passer avec celui de tes parents qui ne vit pas avec toi, et respecter les engagements pris. Par exemple, ne pas prendre d'activités, tournoi de foot ou invitation de copine, qui t'empêcheraient d'aller chez lui au moment fixé. S'il déménage loin, tu vas devoir devenir autonome dans tes déplacements pour le voir. Cela peut être une chance, avec de la liberté et des découvertes à la clé !

▸ À ne pas faire

• Un couple de remplacement

On ne peut pas remplacer le parent absent en reformant des couples de « copains », par exemple la mère avec sa fille, et le père avec son fils. C'est toujours mauvais de faire comme s'il n'existait pas de différence d'âge et de génération.

• Un père ou une mère de remplacement

Il faut éviter aussi, quand il y a une grande différence d'âge, de se transformer en père ou mère de remplacement pour son petit frère ou sa petite sœur. Ou encore, si tu es une fille, de devenir une petite femme pour prendre en charge le ménage ou la cuisine chez ton père. Si tu es un garçon, attention à ne pas jouer à l'homme de la maison, surtout si tu sens ta mère un peu vulnérable. N'en profite pas, même si tu y trouves des bénéfices immédiats, car tu risques de t'enfermer dans ce rôle. C'est différent de rendre des services normaux, et de s'installer dans une de ces situations de remplacement.

• Se mêler de ce qui ne vous regarde pas

Quand il y a des disputes constantes sur les droits de garde ou sur l'argent, c'est que les anciens conflits des parents se réorganisent autrement maintenant qu'ils sont séparés. Là aussi, il ne faut surtout pas t'en mêler.

▸ À savoir

La séparation des parents correspond presque toujours à une baisse du niveau de vie pour tout le monde, puisqu'il faut désormais payer et entretenir deux maisons, plus les trajets entre les deux pour les enfants. Souvent aussi, apparaît une différence de revenus entre les deux parents. À toi de trouver le juste équilibre entre ce que tu demandes à l'un et à l'autre. N'abuse pas trop de celui de tes parents qui a de l'argent, pour lui faire « payer » la séparation de la famille.

71

Je ne m'entends pas avec mon beau-père

Ce n'est pas mon père, mais l'homme qui vit avec ma mère, chez moi. Il n'a pas à me donner des ordres, à me critiquer, à se mêler de ma vie. Mais ma mère est béate d'admiration devant lui, ou bien elle n'ose rien dire.

▸ Que se passe-t-il ?

On n'est jamais obligé de s'aimer. Mais des êtres humains qui cohabitent dans la même maison se doivent un respect réciproque, et ont tout intérêt à se débrouiller pour que la vie soit agréable pour tout le monde. Moins on s'entend, plus il est important de marquer clairement les règles de la vie commune.

La maison étant plutôt le territoire des femmes, les accrochages surviennent en général plutôt entre les filles et leur beau-père, ou bien entre la belle-mère et ses beaux-fils. Dans le domaine de la vie matérielle et quotidienne, il est normal que tous les habitants de la maison prennent leur part de travail, dans la mesure de leurs possibilités. Ce n'est donc pas parce que ce n'est pas ton père qu'il ne peut pas, par exemple, te demander de ranger tes affaires qui traînent dans l'entrée...

Il peut aussi avoir des choses à te dire en tant qu'adulte et parce qu'il te connaît bien à force de vivre avec toi. Par exemple, c'est de son rôle de te dire de mettre un manteau s'il fait froid. Il a un rôle général de protection envers le mineur que tu es. En revanche, ce qui concerne tes études, ou tes relations avec ton père, ne sont pas du même ordre, et il doit respecter une certaine neutralité.

▸ Que faire ?

• Accepter un quasi-père

Si cet homme est dans la vie de ta mère depuis longtemps, et qu'il t'a élevé, vous avez sans doute quasiment des relations paternelles et filiales. Tu as besoin de prendre de la distance avec lui parce que tu deviens adolescent(e), et c'est normal. Mais on ne choisit ni ses parents, ni son beau-père !

• Organiser la vie avec un inconnu

Si le compagnon de ta mère est nouveau venu dans la maison, c'est différent. Il faut savoir que cela demande beaucoup d'efforts à celui qui arrive pour trouver sa juste place dans une organisation familiale déjà en fonction. Il y a une période d'adaptation nécessaire, avec des tâtonnements et des erreurs. C'est donc le moment de parler calmement des choses qui ne vont pas, de donner à chacun des habitants de la maison un petit coin où il se sent bien, chez lui, chez elle, et que les autres respectent.

• Respecter pour être respecté(e)

Claironner : « Tu n'es pas mon père, tu n'as rien à me dire ! », c'est de la provocation. C'est faire comme si tu considérais cet homme comme quantité négligeable. Ta mère a avec lui des liens d'amour que tu dois respecter. Si tu respectes ce lien affectif, tu peux aussi revendiquer celui que tu as avec ta mère, et le faire respecter. Le problème est le même s'il s'agit d'une belle-mère et de son beau-fils.

La bonne stratégie

Pour voir ta mère seul(e), ton père seul(e), parler de ce que tu n'as pas envie de dire devant tout le monde, tu peux fixer des rendez-vous réguliers, le temps d'un déjeuner ou d'une soirée, par exemple une fois par semaine, ou tous les quinze jours.

Si ton beau-père accepte cela, et même en est content, c'est bon signe ! Au contraire, s'il a tout le temps besoin d'être au milieu de vous deux, ce n'est pas normal, et cela veut dire qu'il ne respecte pas l'intimité de ta relation avec ta mère, qu'il en est peut-être jaloux.

Signal d'alerte

Si vraiment tu ne supportes pas du tout de vivre avec le compagnon de ta mère, si l'atmosphère de la maison devient irrespirable à cause de cela, tu ne peux pas exiger qu'il vide les lieux. La meilleure solution pour toi est d'aller habiter ailleurs, en internat ou chez tes grands-parents. Ou, pourquoi pas, d'envisager d'aller vivre chez ton père, sans toutefois en brandir la menace ? Il n'y a que dans le cas où ce nouveau conjoint est violent avec ta mère, ou avec toi (harcèlement sexuel ou tentative de viol) que tu peux t'adresser à la justice pour te faire aider (voir VIII, Comment se faire aider ?).

72

Je ne m'entends pas avec ma demi-soeur

Mes parents sont divorcés depuis longtemps. Quand je vais le week-end chez mon père, la fille de sa femme me fait sentir que je suis de trop. Et chez moi, c'est mon petit demi-frère qui prend toute la place...

▸ Que se passe-t-il ?

Il y a de plus en plus de familles recomposées. Dans ces sortes de grandes tribus, les places de chacun ne sont pas toujours claires, et les relations entre les différents enfants sont parfois compliquées. D'ailleurs, on ne sait pas toujours bien nommer les liens qui unissent les uns et les autres : comment appelles-tu par exemple la fille de la femme de ton père ? Vous n'êtes « rien » entre vous, pourtant vos parents respectifs vivent ensemble et vous devez cohabiter dans la même maison, partager une vie de famille. Et puis, il y a ceux qui vivent à demeure, et ceux qui ne font que passer durant les week-ends et les vacances : les premiers se sentent envahis, ils doivent quelquefois partager leur chambre ; les seconds n'ont parfois que le canapé déplié du salon pour dormir !

Tout n'est pas négatif pour autant : il y a des frottements et des jalousies dans tous les types de famille, et ces « recompositions » ouvrent des relations plus nombreuses et plus enrichissantes.

Reste que cette situation est difficile à vivre pour toi. Surtout s'il n'y a pas beaucoup de place dans la maison et qu'il faut partager les chambres, la salle de bains... Cela peut entraîner des conflits, des alliances et des exclusions, créer des « clans » entre enfants. Encore plus quand une nouvelle famille se recompose très vite après la séparation des parents : on n'a pas encore fait le deuil de son ancienne vie, que déjà il faut s'habituer à de nouvelles personnes qu'on n'a pas choisies. On se sent trahi et abandonné, par exemple par son père quand il est parti vivre avec une autre femme, et qu'en plus il partage la vie quotidienne d'une fille de ton âge. Alors que toi tu ne le vois plus assez, il y a de quoi avoir l'impression qu'il la préfère... Et l'arrivée d'un bébé dans une famille, petit frère ou demi-frère, est toujours un bouleversement qui oblige chacun à retrouver une place différente.

▸ Que faire ?

• Communiquer avec celle qui ne nous est « rien »

Si la fille de la femme de ton père est si désagréable, c'est sans doute qu'il y a pour elle aussi des choses difficiles à supporter. Elle non plus ne vit pas avec son père, et elle a peut-être l'impression que le tien lui a volé sa mère... Essaie de parler avec elle de vos vies respectives. Si ce n'est pas possible en face à face, commencez par échanger des mails ou des lettres, pour vous expliquer. C'est une première étape qui peut améliorer les choses.

• Se réserver un petit coin pour soi

Chez toi comme chez ton père, tu peux demander à avoir un coin à toi, où tu peux laisser tes affaires sans que personne ne vienne fouiller, et où tu peux être tranquille quand tu en as besoin. Ainsi, chacune des deux aura son propre territoire, respecté par tout le monde, et les choses se passeront peut-être mieux.

- Être discret pour être efficace

Pour parler de ces problèmes de jalousie ou de cohabitation, il faut être seul avec le parent concerné. Se plaindre devant tout le monde risque de l'obliger à ne pas prendre parti, et de ne rien régler. Il vaut mieux aussi éviter d'en parler à l'autre de tes parents : cela peut réactiver les conflits anciens, et il n'est pas toujours le mieux placé pour agir en ton nom. On peut en revanche demander conseil à un autre adulte, par exemple un oncle ou une tante, ou les grands-parents, du côté du parent concerné.

- Privilégier la qualité sur la quantité

Il te faut en prendre ton parti : tu ne peux plus avoir l'un ou l'autre de tes parents pour toi tout(e) seul(e), puisqu'il y a d'autres enfants. C'est comme cela dans toutes les familles ! Mais si tu le souhaites, tu peux créer des moments privilégiés avec ton père ou ta mère, seul(e) à seul(e). Par exemple, pendant le week-end que tu passes chez ton père, demande-lui de t'inviter à dîner au restaurant. Tu pourras te détendre, lui parler sans contrainte, et cela montrera à tout le monde que tu as aussi de l'importance ! Le reste du temps, utilise à fond le téléphone, Internet, ou le courrier pour communiquer avec lui.

- Essayer la garde alternée

Si tu as l'impression de ne vraiment pas voir assez ton père, tu peux demander à aller vivre chez lui une semaine sur deux, si c'est possible (voir 59. Ma mère et moi on s'engueule tout le temps).

▸ Signal d'alerte

Partager la vie quotidienne, c'est partager un toit, des espaces et des moments communs. Si, dans la maison, on

en arrive à ne plus s'adresser la parole, si on ne peut pas être ensemble dans la même pièce, si la vie familiale est empoisonnée par ces conflits, alors il faut se rendre à l'évidence, cela ne fonctionne plus. Pendant quelque temps, va passer plutôt le week-end chez tes grands-parents ou des amis, pour calmer les choses.

VII

Mes études

73

Je stresse tout le temps

Ça me prend la tête, ça me tord les boyaux, ça m'empêche de profiter de la vie. Et ça me fait perdre tous mes moyens pendant un contrôle de maths, ou au tableau...

▸ Que se passe-t-il ?

Le stress est la manifestation physique d'une tension intérieure : la tête se brouille, le corps s'agite... On peut le ressentir en permanence, ou de temps à autre, seulement quand il s'agit des études, par exemple. S'il n'est pas maîtrisé, il empêche de travailler ou de se sentir bien.

Il y a un bon stress : c'est celui qui pousse à se mettre au travail, à être efficace. Il permet d'anticiper les choses, de se donner des rails, pour réussir ce que l'on s'est fixé, il aide à se dépasser, à réussir quelque chose qu'on ne ferait pas naturellement. Une fois l'action enclenchée, alors le stress disparaît.

Mais il y a aussi le mauvais stress : on est tellement angoissé de ne pas réussir qu'on n'arrive effectivement pas à faire ce qu'on devrait, et on s'angoisse encore plus. Ce stress-là paralyse l'action : par exemple, on se met à sa table de travail sans pouvoir se concentrer. Ou bien il pousse à l'évitement : au moment de s'y mettre, par peur de ne pas arriver à travailler, on passe un coup de fil à un copain, ou bien on va chercher quelque chose à grignoter dans le frigidaire...

Le stress peut être provoqué par l'extérieur : parents et professeurs, en mettant la pression, veulent déclencher le bon stress pour faire réussir le mieux possible les élèves. Mais si cette pression est trop forte, ou trop continue, elle provoque un choc émotionnel et devient contre-productive.

Filles et garçons

En général, les filles expriment plus leur stress. Lorsqu'on ne veut pas le reconnaître, ou qu'on essaie de le masquer, la tension augmente et se transmet ailleurs. Par exemple à travers des maux de ventre, des cauchemars, de la boulimie, des crises de spasmophilie ou de tétanie.

▸ Que faire ?

- Se fixer un cadre

Il y a des règles simples à s'imposer et à respecter pour gérer son stress : utiliser le bon qui est un moteur et maîtriser celui qui joue le rôle de frein. Pour empêcher le stress de t'envahir, il faut te donner un cadre : par exemple te fixer des heures de travail, des heures de détente, des objectifs à atteindre chaque semaine, etc.

- Travailler à plusieurs

On peut décider de travailler à deux côte à côte, même en silence, pour s'encourager mutuellement. Ou encore se réciter réciproquement à intervalles réguliers ce qu'on apprend. À deux ou trois, on peut aussi découper « en tranches de saucisson » le travail à abattre, en se donnant des tâches bien précises, qui paraissent tout de suite plus accessibles.

• Partager ses difficultés

Cela permet souvent d'alléger ses inquiétudes que d'en parler. Mais pas à n'importe qui. Il faut bien choisir à qui on les confie : certaines personnes, même si elles nous aiment beaucoup, ne supportent pas de les entendre, car cela les angoisse. Elles les renvoient alors en « boomerang », deux fois plus fortes. Exemple classique : si ta mère s'inquiète beaucoup que tu ne sois pas toujours au top en classe, et si tu lui racontes que vraiment ça ne va pas en ce moment, le stress risque fort de monter chez vous deux à la veille d'un contrôle. En revanche, des oreilles bienveillantes peuvent t'aider (un grand frère, un prof) à fixer un programme de révision bien ficelé.

• Maîtriser la pression

Le pire, c'est de ne pouvoir ni vraiment travailler ni vraiment se détendre, car cela fait monter trop haut la

pression. Après 45 minutes de concentration devant son bureau, qu'on ait été efficace ou non, il faut s'arrêter pour aller courir un peu ou papoter avec le reste de la famille, pendant 15 minutes, avant de s'y remettre !

▸ La bonne stratégie

Il y a des moyens pour mieux gérer ses émotions, y compris le stress, par exemple en apprenant à se détendre, à mieux respirer, en faisant du yoga...

Stress ou angoisse ?

Il faut savoir accepter le stress, et reconnaître l'angoisse pour éviter d'y plonger.

• *Sortir de chez soi*

1. Le dimanche soir ou le lundi matin, tu regrettes que le week-end soit fini, tu aimerais mieux rester à la maison. Mais bon, il faut y aller, même si ce n'est vraiment pas marrant, la première heure de cours avec un prof nul...

2. L'idée de quitter la maison t'est insupportable. La seule perspective d'attendre le bus et de monter dedans te fait mal au ventre. Sans parler de tous ces élèves qui crient et chahutent dans la cour : ça donne la colique d'y penser...

• *S'endormir*

1. Dans ton lit, les yeux fermés, au moment de t'endormir, tu te demandes ce que tu vas devenir, ce que la vie va te réserver. Zut, tu n'as pas bien appris cette leçon pour demain, mais, bon, on verra bien...

2. Tu as aussitôt besoin de te lever, ton cœur se met à battre, c'est comme si quelque chose rodait autour de toi, chassant l'envie de dormir. Alors, tu tournes en rond dans ta chambre...

• *Le matin*

1. Au moment où tu te réveilles, ton père t'énerve avec sa forme et sa façon de parler trop fort. Tu es encore dans le potage, mais, peu à peu, le trajet pour aller en classe, les retrouvailles avec les potes te tirent de là…

2. Tu as eu du mal à te rendormir après un cauchemar à quatre heures du mat'… Et juste au moment où tu y arrivais enfin, on t'a tiré du lit. Tu as déjà la haine pour cette journée, et ça va durer jusqu'à l'après-midi comme ça…

• *Le corps*

1. Là, sur les cuisses, il y a comme des bourrelets, et mon menton, à quoi il ressemble ? Ah, si j'étais comme Alice, elle au moins elle a de la chance…

2. Je suis sûr qu'ils voient tous mon nez affreux et qu'ils s'en moquent, et mes fesses, et mes boutons… Je suis sûr(e) qu'ils rigolent dans mon dos ; je ne supporte pas… C'est quoi, ce corps débile, c'est pas moi…

• *Le travail*

1. C'est pénible de s'y mettre, ce problème m'énerve, il me résiste, je suis bête ou quoi ? Est-ce que je vais y arriver ? Tiens, si j'essayais ça… tiens, c'est intéressant…

2. Ça, je n'y arriverai jamais, ce n'est même pas la peine de commencer ! Ce bruit m'énerve, je vais mettre la musique à fond… Non, jamais je ne pourrai faire ça… Ah oui, il faut que j'envoie un message à Sophie pour demain…

Si tous les jours, pendant plusieurs semaines de suite et dans tous les domaines, tu te retrouves plutôt dans la deuxième situation, tu es angoissée. Il faut en parler à un adulte (voir VIII, Comment se faire aider ?).

Signal d'alerte

Si la pression est si forte que la tension va jusqu'à la crise de nerfs, de tétanie (voir 5, Crise de nerfs, de tétanie ou de spasmophilie), si ta tête se brouille jusqu'à te faire perdre tous tes moyens face à un devoir, si c'est le trou noir quand tu es appelé au tableau, si tu n'arrives plus à aller en classe tellement tu es angoissé, alors, il faut te faire aider. Peut-être es-tu en train de développer une phobie scolaire, et cela ne pourra s'arranger qu'en parlant.

74

Je n'arrive pas à me concentrer

Au début du cours, je me dis que je vais écouter, comprendre… et à la fin je m'aperçois que j'ai décroché. Dès que j'ouvre un bouquin de classe, ça y est, je me mets à penser à tout autre chose…

▸ Que se passe-t-il ?

Jusqu'ici tu travaillais raisonnablement, sans trop d'efforts, et cela te suffisait pour avoir des notes correctes. Maintenant, tu n'arrives plus à te concentrer, et cela se traduit par une chute plus ou moins vertigineuse des résultats. Ce fléchissement scolaire est courant et normal, il se produit souvent en classe de quatrième ou troisième pour les filles, et plutôt en seconde pour les garçons. Tu traverses sans doute une période où tu es plus occupé(e) à te poser des questions sur toi-même qu'à travailler les maths. Peut-être aussi as-tu des bonheurs ou des soucis qui occupent ton esprit au point de ne plus laisser de place à autre chose, parce que tu es amoureux(se), ou bien que tes parents divorcent ? Ou bien encore t'es-tu découvert d'autres passions que la grammaire à ingurgiter, et qui te font autrement rêver, comme la danse, le rugby, ou la musique…

▸ Que faire ?

• Assurer le minimum

Cette situation risque de durer quelques semaines ou quelques mois, il faut donc assurer le minimum pour ne pas se mettre en difficulté en classe, par l'accumulation de lacunes.

• Essayer plusieurs recettes

Il existe des petites recettes qui peuvent aider. Par exemple, se faire aider par un ami plus motivé pour se mettre au travail, se réciter mutuellement, se fixer des objectifs limités...

• S'échauffer le cerveau

Repérer les matières où l'on réussit le mieux, ou on arrive le plus facilement à se mettre au travail et commencer par elles : il faut un temps d'échauffement au cerveau, la concentration entraîne la concentration, et le reste suivra plus facilement.

• Casser la routine

On peut changer ses méthodes de travail, pour sortir de la routine et trouver celles qui conviennent le mieux à chacun. Par exemple aborder d'une autre manière le travail à faire : commencer par relire d'autres problèmes de physique déjà résolus pour entrer dans la démarche, ou bien réfléchir à une dissertation en marchant dans la rue. À chacun la méthode qui lui convient le mieux, et il faut pour cela essayer plusieurs pistes.

• Se faire plaisir

S'offrir un fond musical agréable, soigner le décor ou se faire plaisir en travaillant la forme (une nouvelle couleur d'encre, du papier de meilleure qualité, des feutres neufs ?).

▸ Signal d'alerte

Si cette impossibilité de se concentrer sur ton travail dure au-delà de deux ou trois mois, si cela entraîne vraiment une baisse des résultats scolaires, si cela te stresse, te fait penser sans cesse à ton travail sans que tu arrives à t'y mettre, alors c'est que tu as enclenché la spirale de l'échec, et il faut en parler avec quelqu'un pour te faire aider. Il suffit parfois d'un accompagnement pendant quelques semaines, avec un prof qu'on aime bien, ou quelqu'un d'extérieur, pour comprendre ce qui se passe et sortir la tête hors de l'eau.

75

Je m'ennuie en classe

En cours, le temps semble se traîner; à quoi ça sert tout ça, quel intérêt cela a-t-il? On fait toujours les mêmes choses et de toute façon je n'ai pas envie d'en faire davantage...

▸ Que se passe-t-il?

Il n'est pas toujours mauvais de s'ennuyer: cela donne du temps pour rêver, prendre conscience du temps qui passe, penser à soi-même, se poser des questions et parfois y répondre. À l'adolescence, il faut ainsi avoir des moments creux pour réfléchir et se construire, et comme l'on passe beaucoup d'heures en cours, elles peuvent (aussi) servir à cela...

Il y a pourtant un côté négatif à l'ennui: quand le vertige vous prend, quand vient la peur de l'angoisse, des idées folles... Alors, pour échapper à ces peurs, la tentation est de chercher à combler le vide par des dérivatifs, et des émotions fortes. Peut-être aussi es-tu en train de découvrir que les apprentissages scolaires te sont particulièrement difficiles en ce moment, et n'as-tu pas envie de te confronter à ces difficultés?

▸ Que faire?

- Passer dans la classe suivante
  Presque tous les élèves, avec quelques efforts, peuvent

arriver à des résultats minimaux. C'est ce qui te permettra de passer d'année en année. Le système scolaire est ainsi fait que, plus on monte en niveau, plus on choisit les matières qu'on préfère, pour en abandonner d'autres. Vient donc un moment où, avec un minimum d'efforts, on peut faire ce qui vous plaît...

- Faire des choix

Apprends à hiérarchiser ton ennui : investis-toi dans les matières qui t'intéressent et fais le minimum dans celles qui t'ennuient.

- Aller jusqu'au bout de soi-même

Si tu as une passion et que tu crois pouvoir l'utiliser dans un métier, alors, dans ce domaine-là, tu dois être vraiment très bon, aller jusqu'au bout de tes possibilités. Une

fois tes preuves faites dans ce domaine, tu trouveras des passerelles pour continuer tes études.

▸ Signal d'alerte

Si vraiment tout cela t'est insupportable, c'est peut-être que tu n'es pas fait pour les études abstraites. Te sentirais-tu mieux dans des activités plus concrètes, plus actives ? Si tu ressens des difficultés majeures, il faut accepter cette idée et en parler, peut-être à partir d'un bilan d'orientation.

76

Mes parents sont tout le temps sur mon dos

Dès que je rentre à la maison, ma mère me saute dessus : « Tu as du travail ? quelles notes tu as eu aujourd'hui ? montre-moi ton agenda ! » Mon père répète : « Il faut travailler plus pour réussir. » Qu'ils me lâchent !

▸ Que se passe-t-il ?

Jusqu'à maintenant, tu travaillais pour faire plaisir à tes parents et ne pas avoir d'ennuis avec les profs. Maintenant, les bonnes notes ne te font plus autant d'effet, et ton image d'intello t'agace même un peu vis-à-vis des copains. En dehors de la pression des adultes, tu ne sais pas forcément pour quoi et pour qui tu travailles.

Vient un moment, à l'adolescence, où l'on a besoin de s'affirmer, de ne plus leur rendre de comptes. Tu t'engages dans ce chemin difficile, qui consiste à se détacher des valeurs familiales pour créer les siennes propres. Du coup, tu n'es pas loin d'avoir envie de provoquer tes parents en faisant tout pour avoir de mauvaises notes. Même si cela te vexe un peu, tu t'en vantes ! Pourtant, au fond, tes parents te souhaitent le meilleur, et toi aussi ; vous êtes donc faits pour vous entendre...

▸ Que faire ?

• Proposer un contrat de confiance pendant une période-test

Demande à tes parents de te faire confiance, de te laisser gérer ton travail seul(e), de ne rien vérifier et de ne t'aider que quand tu penses toi-même en avoir besoin. Tu peux aussi prévenir ton professeur, pour qu'il en tienne compte (il peut y avoir une petite baisse de résultats dans les premiers temps, car ce n'est pas toujours facile de s'organiser au départ).

• Travailler seul

Pendant un trimestre, dans une matière que tu aimes bien, décide de travailler seul. Installe-toi dans ta chambre plutôt que dans la cuisine ou devant la télévision.

Si cela se passe bien, fais de même pour une deuxième matière, au bout d'un trimestre. Et ainsi de suite jusqu'à être complètement autonome. Mieux vaut cependant garder un moment dans la semaine, le samedi par exemple, où tu fais le point avec tes parents, pour leur montrer tes notes ou parler de tes difficultés.

▸ Signal d'alerte

Si tes notes s'effondrent, et que cela dure plus de quatre à six semaines, c'est que tu n'arrives pas à t'investir ou que tu n'as pas la bonne méthode de travail. Demande alors à un professeur, en étude ou pendant un intercours, de passer un moment avec toi pour comprendre ce qui se passe. Si c'est possible, tu peux aussi te faire aider par quelqu'un d'autre, un étudiant par exemple, pour t'apprendre à travailler.

77

Je n'y arrive pas dans mes études On veut « m'orienter »

J'ai beau travailler, je n'y arrive plus... C'est dur, je ne comprends pas ce qu'on me demande, ça me stresse. En plus, ça ne m'intéresse pas. Après la troisième, on me parle d'orientation.

▸ Que se passe-t-il ?

Il existe un vrai fossé entre ce qui est demandé au collège et au lycée ; il faut le temps de s'y adapter. Par exemple, passer de la rédaction à la dissertation, de l'exercice de maths à la résolution d'un problème complexe demande un effort et du temps de réflexion entre la question et la réponse. La solution ne vient pas toujours du premier coup, il faut la chercher parfois un certain temps... Travailler ne produit pas forcément de bonnes notes immédiatement, mais permet d'expérimenter, de progresser, de se confronter à des résistances, de se tromper, de recommencer, de surmonter les difficultés. C'est ainsi seulement que l'on devient vraiment bon dans un domaine.

▸ À savoir

On peut dire que l'intensité du stress est la mesure de

l'écart entre les ambitions que l'on a dans ses études (ou que d'autres ont pour vous) et les compétences personnelles dont on pense disposer pour y arriver. Par exemple, un jeune moyennement doué, mais qui a de très grandes ambitions, ou dont les parents ont de très grandes ambitions pour lui, risque d'être très stressé dans ses études. Beaucoup plus que s'il avait des ambitions moindres, à sa portée. Un autre très doué, sans beaucoup d'ambition, ne sera pas du tout stressé. Peut-être même pas assez, car il oubliera de faire le minimum de travail requis pour se maintenir au niveau de sa classe.

Est-ce que ça coince ?

• *Tu sais par cœur ta leçon le soir. Mais le lendemain, au moment de réciter, ou seul devant ta feuille, tu as l'impression d'avoir tout oublié...*

• *Quand tu travailles à la maison, tu as toujours besoin d'avoir quelqu'un derrière toi pour t'y mettre...*

• *Tu attends toujours le dernier moment, le dimanche soir plutôt que le vendredi, au lieu de te projeter dans l'avenir pour t'organiser...*

• *Quand tu rencontres une difficulté, tu t'arrêtes pour téléphoner à un copain, ou bien tu attends que ta sœur, ton père, puisse t'aider...*

• *Ces difficultés sont nouvelles, alors qu'au primaire et au début du collège, tu réussissais bien sans trop te fatiguer...*

• *Tu fais tout pour ne pas penser à ton travail en dehors des heures de classe...*

• *Il ne t'arrive jamais de prendre du plaisir à travailler.*

Si tu as plus de quatre oui, c'est que le travail scolaire est devenu insupportable pour toi. Pourquoi est-ce si difficile pour toi d'aborder des choses nouvelles ?

▸ Que faire ?

• Évaluer son niveau et ses objectifs

Il faut se demander honnêtement si on a les moyens de ses ambitions ou de celles qu'on vous impose, et si elles sont compatibles entre elles. Un bon moyen est d'aller au CIO discuter avec un conseiller d'orientation. C'est une initiative que l'on peut prendre seul, sans l'autorisation ni des professeurs ni des parents (mais rien n'empêche non plus de leur en parler !).

• Faire un bilan de compétences

Au CIO, tu peux aussi demander à faire un bilan de compétences. C'est gratuit. Ce bilan, à travers des tests, des questions en tout genre, peut aider à se rendre compte de ses dons, de ses motivations et désirs, mais aussi de ses limites, difficultés et manques d'intérêt. C'est l'occasion de réfléchir et de parler de soi et de son avenir avec quelqu'un.

• Envisager une réorientation

Si tu n'as pas du tout envie de passer des journées enfermé dans un bureau, et si tu ne te sens pas capable de rester assis et concentré pendant des heures, ce n'est pas une bonne idée d'envisager des études longues et abstraites. Il vaut mieux réfléchir tout de suite à la meilleure manière de mettre en valeur tes qualités, pour devenir compétent dans un autre domaine. Mieux vaut envisager une réorientation, plutôt que de se laisser ballotter dans le flot commun, et de stresser sans y arriver.

• Prendre son avenir en main

Si tu n'as pas le choix, et qu'une orientation différente du cycle général t'est proposée, ne te laisse pas imposer une filière qui ne t'intéresse pas. Prends en main ton orientation, et renseigne-toi bien. Il existe de nombreux cycles courts, très différents les uns des autres, parmi lesquels tu peux trouver à t'épanouir.

- Affronter la réalité

  Plutôt que de se plaindre, vient un moment où il faut se confronter à la réalité, essayer des choses nouvelles, pour voir comment on réagit. Une fois engagé dans une formation, il sera plus facile de savoir ce dont on a besoin, et toujours possible de trouver les passerelles pour y arriver.

Signal d'alerte

Quand on redouble, et que les résultats sont aussi catastrophiques la seconde année que la première, c'est signe qu'il faut chercher où ça coince et non pas tenter de s'adapter à tout prix à un niveau ou à une filière qui ne convient pas.

78

Je n'ai pas la bonne méthode de travail

J'y passe des heures et des heures, j'apprends, je récite, j'ai l'impression de savoir. Et puis le lendemain, face au prof ou devant une copie blanche, c'est la catastrophe...

▸ Que se passe-t-il ?

Jusqu'en quatrième ou troisième, on demande aux élèves de regarder, d'écouter, puis d'apprendre et d'appliquer : cela fait appel à l'intelligence concrète. En fin de collège et ensuite, il faut entrer dans l'abstraction, réfléchir sans support matériel et trouver des solutions originales, à l'aide de concepts nouveaux. Même si d'autres avant nous ont fait la même démarche et ont abouti aux mêmes solutions ! Il faut faire son marché dans le magasin de ses connaissances pour choisir le bon théorème, laisser tomber la formule inutile. Il faut construire un raisonnement. Cela ne suffit pas d'avoir appris, il faut comprendre, travailler le problème de l'intérieur. Cela demande du temps, des essais, des efforts. Mais, le moment arrivé, c'est jubilatoire de comprendre comment fonctionne le monde, comment fonctionne la pensée, et de se sentir soi-même en train de penser !

Repère ta méthode de travail !

Comment comprends-tu le mieux ?
– en refaisant les exercices
– en te réexpliquant à toi-même
– en te concentrant pour écouter en cours
– en relisant ta leçon.

Comment retiens-tu le mieux ?
– en récitant tout haut
– en réécrivant ce que tu as appris ou en faisant des fiches
– en expliquant à un ami ce que tu viens de comprendre.

Où travailles-tu le mieux ?
– seul dans ta chambre
– en étude au milieu des autres
– en pensant à ton travail dans ton lit, dans le bus.

Comment es-tu le plus efficace ?
– en programmant deux heures de silence devant toi
– dans l'urgence, quand tu n'as plus le choix
– en revenant plusieurs fois sur le même travail.

▸ Que faire ?

• Se méfier de ses dons

Les plus doués n'ont jamais eu besoin d'apprendre à travailler pour réussir, car il leur suffisait d'écouter en cours pour retenir et répéter ensuite. Du coup, ils n'ont pas appris à travailler, et n'ont pas pris non plus l'habitude de faire des efforts. Quand cela devient plus difficile, ils manquent de méthode.

• Profiter de l'expérience des autres

Travailler à deux ou trois, en échangeant ses modes de fonctionnement, permet de passer à la vitesse supérieure. Et il n'y a pas de honte à ramer un peu !

• S'entraîner différemment

Ceux qui ont plus de difficultés pour apprendre ont acquis, eux, le sens de l'effort. Mais désormais, on leur demande moins d'apprendre par cœur et d'appliquer ce qu'ils apprennent que de réfléchir et inventer. Ce qui demande de s'entraîner différemment.

• Apprendre à se passer de ses parents

Ceux que le travail scolaire n'intéresse pas beaucoup sont quelquefois habitués depuis longtemps à ne travailler

que sous la contrainte des parents. Avec l'âge, ils ne supportent plus cette contrainte... et se retrouvent alors tout seuls, perdus devant leur travail scolaire, quand les parents ne sont plus là pour servir de guides et montrer le chemin exact de la résolution du problème.

- Assumer ses responsabilités

Il est normal et sain de vouloir prendre son autonomie, mais cela suppose aussi d'assumer la responsabilité de son travail. Si on travaille pour soi, il faut se donner des objectifs à sa mesure, pour voir de quoi on est capable.

▸ + de 15 ans

À partir de la seconde ou de la première, il faut peu à peu prendre l'habitude de penser par soi-même.

C'est l'intérêt d'avoir plusieurs professeurs et de travailler en équipe avec des copains, que de comparer les méthodes de travail, pour trouver celle qui convient le mieux, selon la manière dont sa tête fonctionne.

79

Je ne sais pas ce que je veux faire plus tard

Chaque année depuis la sixième, il faut remplir une petite fiche où on me demande ce que je veux faire plus tard. Mais je n'en sais rien, moi !

▸ Que se passe-t-il ?

D'abord, tu as parfaitement raison de répondre que tu n'en sais rien quand on te demande ce que tu veux faire plus tard, car le métier que tu feras n'existe peut-être pas encore aujourd'hui. Et sans doute en exerceras-tu plusieurs successivement.

La question de l'avenir se pose en général lorsqu'il faut opter pour des langues, des séries, au collège puis au lycée. On a vite le sentiment désagréable de devoir faire des choix qui ferment des portes les unes après les autres : « Je ne serai jamais vétérinaire si je n'entre pas en série S » ; « Il faut une deuxième langue vivante pour rester dans le cycle général »...

Il est parfois difficile aussi de parler de l'avenir avec ses parents, tant on sent leur désir de nous voir réussir, tant on a peur de les décevoir, et parce qu'on ne sait pas soi-même si ses rêves sont réalistes.

Le système scolaire français oblige ceux qui ont du mal à suivre en classe à faire des choix d'orientation rapidement et laisse au contraire le temps de mûrir à ceux qui font des études générales. Ceux-là n'auront pas à se poser beaucoup de questions avant leur bac.

▸ + de 15 ans

C'est en général vers 15 ou 16 ans, et pas avant, que l'on prend conscience de ses intérêts, de ses priorités, du temps et de l'énergie que l'on se sent prêt à consacrer à ses études.

Quand on commence à avoir une petite idée des domaines dans lesquels on voudrait exercer plus tard son métier, c'est un formidable moteur pour s'accrocher dans les matières qui y conduisent, car on sait ainsi pourquoi on travaille et cela donne de l'énergie !

▸ Que faire ?

- Rêver

Sans rien s'interdire, ni s'enfermer dans un seul rêve, on a le droit de se dire : j'aimerais bien être cosmonaute ou archéologue, ou créateur de jeux vidéo, ou faire du théâtre... Ces projets évolueront forcément avec le temps, mais ils te permettront de développer ta curiosité, de creuser des sujets, de te rendre compte de la réalité, de dépister les impasses ou les impossibilités.

- Interviewer les professionnels

Profite de toutes les occasions pour questionner les adultes dont le métier te plaît. Lorsque tu es chez un copain, intéresse-toi à ce que font ses parents, fais-toi expliquer ce que tu ne connais pas. Quand tu attends le car avec un animateur sportif, pose-lui des questions sur son métier... La plupart des adultes aiment bien raconter ce qu'ils font et sont contents de partager avec des jeunes leurs passions et leur expérience.

• Faire des stages

Dès la troisième, même si ce n'est pas prévu dans ton collège, tu peux tout à fait demander à faire des stages d'observation, d'une semaine ou plus, pendant les vacances, pour découvrir un univers de travail qui te tente (il faut un maître de stage qui accepte de te prendre en charge, et une convention de stage avec ton collège ou lycée, à demander à l'administration). Pour trouver ces stages, tu peux demander à tes parents, à leurs amis, de t'aider à repérer la bonne personne, à passer le coup de téléphone, à écrire la lettre, qui t'ouvriront des portes. Sans te décourager, car il faut souvent essuyer plusieurs refus avant de réussir !

• Aller à la pêche aux infos

Une fois que tu as des idées de métier plus précises, il devient utile d'aller au CIO (voir VIII, Comment se faire aider ?) te renseigner sur les études à suivre. Profite aussi des forums des métiers, des émissions de télévision, pour te renseigner : ils sont faits pour cela.

80

L'année prochaine, je vais aller en internat

Mes résultats scolaires sont tellement catastrophiques que mes parents font planer la menace : « Si tu continues, tu vas aller en pension »...

J'habite trop loin pour aller au lycée tous les jours, c'est la seule solution.

Mes parents ne s'entendent pas, l'ambiance à la maison est si glauque que j'aime mieux aller en internat.

▸ Que se passe-t-il ?

Trois cas différents, qui risquent de se retrouver ensemble sous le même toit ! Mais c'est dommage de voir l'internat comme une menace. La « pension » est un mot un peu vieillot, qui date de l'époque de tes grands-parents, et qui sent les grands dortoirs, la discipline militaire et l'eau gelée dans des lavabos en zinc ! Aujourd'hui, dans la majorité des cas, ce sont les jeunes qui demandent à aller en internat et ils ne sont acceptés que s'ils sont volontaires pour l'expérience.

On en parle quand ça ne va pas à la maison : il y a de la tension et des conflits dans la famille, tes parents sont sur ton dos tout le temps à cause du travail scolaire, tu t'entends mal avec ton beau-père, tu n'es pas bien dans ton collège ou ton lycée, tu n'as pas de copains ou au contraire tu es un peu prisonnier d'un groupe qui t'entraîne

à faire des bêtises. Ou encore tu as du mal à travailler, tu passes ton temps devant l'écran de l'ordinateur ou de la télévision.

L'internat peut être alors un bon moyen de changer d'air, de prendre de la distance avec ta famille, d'acquérir plus d'autonomie. Au-delà du changement, qui est toujours un peu difficile, cela peut faire beaucoup de bien d'avoir un autre cadre de vie, des amis différents, des relations nouvelles avec d'autres adultes. L'internat donne des règles de vie et des horaires qui facilitent le travail scolaire, avec souvent la possibilité de se faire aider dans ses difficultés. Parfois, des activités sont organisées sur place (sports, jeux, ateliers informatiques...) parce que tout le monde reste sur place et qu'il n'y a pas de temps de transport à prévoir.

L'internat n'est pas non plus une séparation totale : on revient régulièrement à la maison, et on y passe au total plus de nuits dans l'année, entre les week-ends (en général du vendredi soir au lundi matin) et les vacances scolaires.

▸ Que faire ?

• Se donner une année scolaire pour décider

Il faut en parler et prendre le temps de s'habituer, de préparer le changement, de choisir ensemble la meilleure solution : par exemple, on y pense pendant une année scolaire et on s'organise pour la rentrée suivante.

• Faire un choix à court terme

La décision n'est pas obligatoirement à prendre pour très longtemps : une année d'internat peut suffire à se redonner goût au travail, ou bien à calmer les tensions. Il sera toujours temps à la fin de faire un bilan et de revenir ou non à la maison.

• Visiter les établissements

Le mieux est d'aller avant l'inscription voir, avec tes parents, l'établissement où tu pourrais être admis pour te faire une idée. Tu peux aussi demander leur adresse Internet à des internes de ton âge, pour communiquer avec eux directement et leur demander leurs impressions.

• Ne pas s'arrêter aux conditions matérielles

Les conditions matérielles ne doivent pas passer avant tout le reste : tu peux t'accommoder par exemple de dormir dans une chambre de trois ou quatre, si l'ambiance et l'organisation te conviennent. L'internat peut être tout près de chez toi ou plus loin, ce n'est pas la distance qui a de l'importance, à condition quand même que tu puisses rentrer le week-end. Ce qui compte, c'est plutôt de changer de rythme et d'univers.

• Convaincre ses parents

C'est souvent pour les parents que la décision est la plus douloureuse à prendre. Ils ont l'impression que leurs enfants ne pourront pas se débrouiller sans eux, seront forcément malheureux, qu'eux-mêmes ne pourront plus remplir leur devoir d'éducation. Pourtant, les relations entre parents et enfants, quand elles ne sont plus polluées par les problèmes de travail, deviennent bien meilleures quand on se retrouve !

▸ + de 15 ans

Mieux vaut attendre pour aller en internat d'être un peu autonome et prêt à s'adapter à la vie collective : à la fin du collège et au lycée.

Signal d'alerte

Si l'idée d'aller en internat t'angoisse, parce que tu as l'impression que tu vas perdre le refuge de ta chambre et tes parents, c'est sans doute que tu as du mal à quitter le cocon familial. Tu peux alors peut-être faire un essai très court pour voir comment tu réagis ?

81

Je voudrais arrêter mes études

Puisque rien de ce que j'apprends ne m'intéresse, puisque je n'y arrive pas et que je suis malheureux en classe, pourquoi ne pas arrêter mes études et chercher du travail ?

▸ Que se passe-t-il ?

L'adolescence est le moment où l'on se pose à la fois la question de ses centres d'intérêt dans la vie, et celle de ses capacités. Est-ce que j'ai envie de faire cela ? Est-ce que j'en suis capable ? C'est bien d'y réfléchir avant les orientations définitives et le choix d'un métier.

De la cinquième à la troisième, il faut assurer le minimum, tout en repérant ce qu'on aime ou déteste particulièrement. En classe et en dehors. Il est même normal de s'ennuyer un peu au collège, puisqu'on n'a encore fait aucun choix personnel. Courage...

À partir de la classe de troisième, à 14 ou 15 ans, quel que soit le niveau atteint, mais surtout si on a déjà redoublé et si on a envie d'autre chose, il faut se demander si on est bien orienté. Tes désirs et tes compétences sont-ils bien en harmonie avec la filière où tu es ? Les professeurs et les conseillers d'orientation peuvent t'aider à y voir plus clair, en particulier par un bilan d'orientation (voir 73, Je stresse tout le temps). Il se peut que les matières scolaires abstraites te rebutent, mais que tu aies une forme d'intelligence concrète, qui a besoin de s'exercer sur des choses visibles, matérielles.

▸ Que faire ?

• Ne pas perdre l'habitude de travailler

Si tu t'ennuies tellement en classe que tu ne peux plus faire aucun effort pour réussir, il ne faut pas pour autant perdre l'habitude de faire marcher ta volonté et tes neurones. Il y a des apprentissages fondamentaux, comme savoir lire, écrire et compter, qui sont indispensables pour se débrouiller dans la vie, et qu'il faut toujours entraîner. Dans les activités qui te plaisent, que ce soit la musique ou l'informatique, investis-toi à fond, et travaille pour y être vraiment bon. Ainsi, tu auras acquis des habitudes et un entraînement qui te seront utiles le jour où un sujet d'études te passionnera.

• Rester dans la course

Si tu en as marre des cours, parce que tu as la flemme de travailler ou que tu aimes bien t'évader dans un monde imaginaire, attention ! Si tes résultats s'effondrent en classe, tu risques de redoubler et de perdre tous tes copains. Alors que tu te trouves bien au lycée et que tu aimes bien la vie avec les autres. Cela vaut donc la peine de te fatiguer un peu pour rester au même niveau qu'eux.

• Construire un projet de rechange

Si tu penses que tu es déjà mal orienté, il faut prendre le temps avant d'arrêter tes études de construire un projet de « rechange ». Demande-toi ce que tu veux arrêter, et pour faire quoi de plus intéressant. Quelles sont les matières que tu voudrais continuer (la musique, le sport, la technologie) ou les aspects qui te conviennent toujours (la vie entre amis, le travail d'équipe, le rythme du lycée...).

+ de 15 ans

À partir de la classe de première, on choisit sa filière et donc dans une certaine mesure les matières que l'on étudie. Cela vaut parfois la peine de s'accrocher jusque-là : tout devient plus intéressant !

Signal d'alerte

Il serait très dangereux d'arrêter ses études sans autre idée en tête, à cause d'une rupture ou d'un moment d'effondrement, ou parce qu'on en a marre de tout. C'est comme si on ne s'intéressait plus à la vie, comme si on ne pouvait plus vivre qu'en se repliant sur soi-même. Le problème alors va bien au-delà de l'intérêt pour les études ou de la capacité à y réussir. Il faut se faire aider pour y réfléchir sérieusement.

82

Je n'arrive plus à aller en classe

Depuis quelque temps, cela devient un cauchemar de sortir de la maison, d'entrer dans le collège, d'affronter la journée et les autres. En classe, je pense à mes parents, j'ai peur qu'il leur arrive un accident. C'est si lourd, j'ai l'impression que je n'y arriverai jamais...

▸ Que se passe-t-il ?

Tous ces symptômes portent le nom savant de phobie scolaire, et cela se traduit par des « attaques de panique », c'est-à-dire des crises d'angoisse intenses. C'est une expérience terriblement difficile que traversent certains adolescents ; cela arrive en particulier au début du collège puis du lycée. L'entourage a du mal à comprendre ce qui se passe : il s'agit de choses qui se faisaient naturellement jusque-là, et que la plupart font tous les jours sans difficultés. D'où la peur d'expliquer ce qui t'arrive et la crainte qu'on se moque de toi.

Souvent le malaise commence avec un seul professeur, dans une matière. Puis cela s'étend ailleurs. L'angoisse t'envahit d'un seul coup, au moment de quitter la maison, ou bien d'entrer en classe. Une fois dedans, c'est la panique, tu éprouves un sentiment de piège, d'enfermement, un terrible besoin de sortir. Impossible de rester là, tu voudrais fuir ce lieu paniquant, cette classe, ce bâtiment. Alors tu demandes à aller à l'infirmerie, tu voudrais pouvoir aller te cacher au CDI ou, mieux, dans ta chambre à la maison. Ce n'est pas du tout que tu ne veuilles pas travailler ou que tu n'aimes pas étudier, c'est que cela devient difficile pour toi de vivre au milieu des autres.

Pour ces adolescents timides, qui n'arrivent pas à élargir leur cercle de relations, c'est un effort constant de s'obliger à des activités collectives. Ils souffrent de ne pas y arriver et se replient peu à peu sur eux-mêmes. Parfois, ils deviennent à cause de cela le bouc émissaire de la classe ou d'un groupe de jeunes, et ne savent pas se défendre contre le harcèlement.

▸ Que faire ?

- Reconnaître la souffrance

Ce qui t'arrive est tellement inexplicable que tu as peur d'en parler à tes parents ou à d'autres adultes. Pourtant, il le faut, car cette souffrance ne peut pas se guérir toute seule. Au contraire, si rien n'est fait, cela ira de mal en pis. Plus elle dure longtemps, plus tu te replieras sur toi-même, et plus ce sera difficile de t'en sortir.

- Suivre un traitement

Les médecins connaissent bien cette maladie et ont des moyens de t'aider. On te proposera une consultation familiale, pour comprendre, avec tes parents, comment tu en es arrivé là. Puis de suivre une psychothérapie individuelle, accompagnée parfois de médicaments pour aider à calmer les crises d'angoisse.

- Envisager de petites séparations

Des petits séjours de vacances d'une semaine entre adolescents permettent d'affronter ce qu'on redoute tant, la séparation d'avec les parents et la vie en collectivité. Tu retrouveras ainsi à ton rythme le plaisir d'être bien au milieu des autres de ton âge.

• Changer d'air

Quelquefois, il vaut mieux changer d'établissement. Si cela se reproduit quand même dans le nouveau collège ou lycée, il ne faut pas seulement se dire que c'est de la faute des autres, mais se demander ce qui empêche de nouer des relations d'égalité.

VIII

Comment se faire aider ?

‣ À qui s'adresser ?

Dans toutes les périodes de changement, on rencontre des difficultés nouvelles, qu'il faut surmonter. Parfois un coup de pouce suffit, et les adultes qui t'entourent peuvent le donner. Ils sont déjà passés par là, et il y a plus de gens disponibles et sympa qu'on ne l'imagine parfois.

Oncle, tante, animateur sportif, éducateur, professeur principal, infirmière, ou tout simplement celui ou celle avec qui on se sent des affinités... C'est pour cela qu'il est bien, avant d'avoir des difficultés, de choisir un adulte avec qui parler, nouer des relations plus intimes. Il ou elle te connaîtra bien, et il te sera plus facile de demander de l'aide au besoin.

Quelquefois, il suffit de parler avec quelqu'un d'expérience qu'on apprécie pour comprendre plus clairement ce qui vous arrive, et se sentir soutenu.

Il pourra aussi juger de tes difficultés, et t'envoyer vers d'autres personnes mieux placées que lui ou elle pour les résoudre.

Les psys font parfois peur. Certains croient encore, bien à tort, qu'ils sont réservés aux « fous ». Souvent, ce sont les parents qui veulent y envoyer leurs enfants, parce qu'ils sentent que le courant ne passe plus et ne savent pas comment s'y prendre. Cela peut être une occasion d'explorer des difficultés familiales qui te dépassent largement.

Comme pour toute demande d'aide, il faut renoncer à l'idée qu'on peut s'en sortir seul. Et quand on est ado, il faut un certain courage pour accepter l'idée de faire appel à quelqu'un.

▸ Les personnes-ressources

En dehors d'un adulte de confiance de ton entourage, tu peux t'adresser à des professionnels.

Pour des problèmes de santé physique

– l'infirmière scolaire

– le médecin de famille

– les services pédiatriques ou pour adolescents des hôpitaux

Pour des problèmes de mal-être ou de déprime

– l'infirmière scolaire

– les centres spécialisés (en appelant le numéro national ci-dessous pour obtenir l'adresse locale)

– le psychiatre

Pour des problèmes de violences, d'abus sexuels, de racket

– l'assistante sociale scolaire

– le commissariat ou la gendarmerie

– le juge des mineurs

Pour des conflits familiaux

– l'assistante sociale scolaire

– le juge aux affaires familiales

Pour des problèmes de scolarité et d'orientation

– le professeur principal, le conseiller principal d'éducation ou CPE

– le conseiller d'orientation, que l'on peut voir dans le cadre du CIO, ou centre d'information et d'orientation, gratuit et ouvert à tous (adresses à la mairie).

▸ Qui peut faire quoi ?

Le médecin scolaire : il voit les adolescents dans le cadre de la visite médicale scolaire. Il ne soigne pas, mais il peut détecter des problèmes de santé, ou un mal-être psychologique, et adresser à d'autres médecins.

• L'infirmière scolaire : il y en a une dans tous les établissements scolaires ; ses horaires de présence et quelquefois un numéro de téléphone où la joindre sont affichés à l'infirmerie. Elle connaît bien les problèmes des jeunes, est de bon conseil pour juger de la gravité d'une difficulté. Elle peut donner toutes les adresses locales (centre de planification familiale le plus proche, par exemple), et faire le relais avec l'administration ou même les parents. En cas d'urgence, elle peut donner la « pilule du lendemain ».

• Le médecin de famille : c'est la personne à aller voir en priorité en cas de problème, si on se sent en confiance avec lui, et si les parents sont d'accord pour faire le chèque de la consultation. À partir de 13 ou 14 ans, on peut demander à le rencontrer seul, pour se faire examiner et pouvoir poser toutes ses questions. Tous les médecins sont tenus au secret professionnel, y compris à l'égard des parents, et peuvent adresser à un spécialiste si nécessaire.

• Le/la gynécologue : il n'est pas indispensable pour une adolescente d'aller voir un gynécologue. Mais si on rencontre des problèmes particuliers, si on se pose des questions sur le fonctionnement de son corps, cela peut être une bonne manière de faire le point. Certaines jeunes filles ont peur de l'examen gynécologique : le gynécologue ne le pratique qu'après les premières relations sexuelles. En revanche, si on envisage d'en avoir régulièrement, il est souhaitable de se faire suivre une fois par an.

- Le psychiatre

 C'est le médecin des difficultés affectives, relationnelles et familiales. Certains sont plus spécialisés pour les adolescents. Il peut rencontrer les parents, mais voit aussi les adolescents seuls. Il évalue les difficultés, et souvent il suffit de quelques rendez-vous pour que les choses s'améliorent. Il peut proposer des traitements : soit une psychothérapie, individuelle, en groupe, ou encore familiale, avec parfois des médicaments.

- Le psychologue

 Il connaît le fonctionnement psychologique de l'être humain et les principales difficultés psychiques. Il ne prescrit pas de médicaments, mais fait des évaluations et des accompagnements psychothérapiques.

Pour s'engager dans une psychothérapie, il faut plusieurs conditions

Souffrir d'un malaise ou d'un mal-être suffisant pour éprouver le désir d'aller mieux.

Reconnaître que cette difficulté ne vient pas seulement de l'extérieur (les parents, les profs, la société...).

En avoir assez de la répétition des mêmes erreurs ou difficultés dans les situations de la vie, et donc avoir envie de s'en débarrasser.

Croire vraiment que parler de ce qui va mal ou fait souffrir permet de mieux cerner ce qui se passe, et d'aller mieux.

Accepter l'idée qu'on dépend aussi des autres pour son bien-être, qu'on ne peut pas toujours résoudre seul et par soi-même ses propres problèmes.

Avoir assez confiance dans son thérapeute pour y arriver.

- Le psychothérapeute

 Il fait des psychothérapies. Mais comme cette profession n'est pas réglementée, il est prudent de s'assurer qu'il a une bonne formation.

Toutes ces personnes sont tenues au secret professionnel, et n'entreront pas en contact avec tes parents, sauf en cas de danger immédiat pour toi. Si tu n'accroches pas avec un thérapeute, mais que la démarche te convient, tu peux tout à fait aller en voir un autre.

▸ Les lieux à connaître

• Les points d'écoute jeunes

Il y en a dans les grandes villes ; ce sont des lieux où sont proposées aux jeunes mineurs et majeurs des informations, des activités, des permanences d'écoute. Ils peuvent servir de relais vers d'autres centres d'accueil.

• Les CMP (centres médico-pédagogiques) et les CMPP (centres médico-psycho-pédagogiques)

Ces lieux de consultation accueillent les jeunes jusqu'à 16 ou 18 ans, gratuitement, sur rendez-vous. Ils regroupent dans un même endroit les divers intervenants possibles auprès des adolescents : pédopsychiatre, psychologue, assistant(e) social(e), infirmier, éducateur spécialisé, orthophoniste, psychomotricien. Il y en a dans toutes les villes et on peut trouver les adresses, avec les horaires d'ouverture et les permanences d'accueil, par exemple à la mairie. Y aller avec la carte Vitale de ses parents, ou la sienne si on en a une. On peut parler seul à seul avec un accueillant, qui est tenu au secret professionnel.

• Les centres de planification familiale

Des conseillères conjugales et familiales accueillent et donnent des informations de façon anonyme et gratuite, sur tous les problèmes de contraception ou de grossesse.

On peut s'y procurer la « pilule du lendemain » gratuitement pour les mineurs. Et, dans certains cas, aussi la pilule.

- L'hôpital

  – Les urgences

  Elles servent, comme l'indique leur nom, à répondre à une situation d'urgence imprévisible. Il existe quelques unités d'accueil d'urgence pour les adolescents, en cas de tentative de suicide par exemple, ou de crise de violence.

  – Les consultations spécialisées

  Il existe dans les hôpitaux des services de pédiatrie qui accueillent les adolescents, en principe jusqu'à 18 ans. Certains se sont dotés de consultations spécialisées pour les adolescents : on peut y demander un rendez-vous. Ils peuvent hospitaliser les adolescents si nécessaire.

  – Les hôpitaux de jour

  Ils accueillent dans la journée des adolescents qui éprouvent des difficultés lourdes et ne peuvent poursuivre leur scolarité dans des conditions normales.

- Les centres spécialisés Drogue Alcool Tabac info services. On peut y trouver des informations et un suivi pour tous les problèmes de dépendance.

- Les postes et commissariats de police (dans les grandes villes) et les gendarmeries (partout ailleurs en France)

  Pour demander du secours ou porter plainte, par exemple après avoir été victime d'un racket, un mineur doit être accompagné de ses parents ou, à défaut, d'une personne majeure. Sauf bien sûr s'il s'agit de déposer plainte contre ses parents pour maltraitance...

▸ Qui contacter par téléphone ?

17 Police secours
18 Pompiers

15 Samu

12 Renseignements

Les Numéros verts (gratuits), avec quelqu'un au bout du fil pour t'écouter :

Fil Santé Jeune 0 800 235 236

Drogue Alcool Tabac infos services 0 800 23 13 13

Sida infos service 0 800 840 800

Suicide écoute 01 45 39 40 00

Jeunes violence écoute (en Île-de-France, de 8 heures à 23 heures) 0 800 20 22 23

Allô Enfance maltraitée 119 ou 0 800 05 41 41 à partir d'un téléphone portable

Association La route des Jeunes, 145, avenue de Suffren 75007 Paris, 01 40 56 33 51, routedesjeunes@nameplanet.com

À Paris, Paris-ado-service, accueil d'urgence pour les 13-21 ans, 01 42 40 20 42 et 01 44 52 03 34 (nuit).

Les sites internet :

http ://www.droitsdesjeunes.gouv.fr

Nul n'est censé ignorer la loi : on trouve sur ce site gouvernemental toutes les lois qui régissent les relations entre les mineurs et l'école, la famille, la ville... On peut aussi y chercher les coordonnées des services d'aide aux victimes (qui dépendent des tribunaux) de chaque département. Et un lexique de tous les termes juridiques à connaître (tribunal, délit, peines...).

http ://www.filsantejeunes.fr

On y trouve beaucoup d'informations concernant la santé physique et psychique, sous forme de dossiers ; on peut y poser des questions et recevoir rapidement des réponses ; on peut chercher les adresses proches de chez soi, et aussi participer à des chats, forums...

Remerciements

Nous remercions tout particulièrement Catherine Chevrot pour sa précieuse relecture, ainsi qu'Evan, Frederike, Myriam, Noémie, Sara, Sébastien, Victoire...

Des questions n'ont pas été abordées ?

Écris-nous, nous en tiendrons compte pour la prochaine édition :

Albin Michel
Département Psychologie
22 rue Huyghens
75680 Paris cedex 14.

Table

IV. Mes amis

V. Mes amours

VI. Ma famille

VII. Mes études

VIII. Comment se faire aider ?

Conception graphique : Stéphanie Le Bihan

Composition I.G.S.
Impression : Imprimerie Floch, janvier 2005
Éditions Albin Michel
22, rue Huyghens, 75014 Paris
www.albin-michel-fr
ISBN : 2-226-15720-4
N° d'édition : 23105 - N° d'impression : 62140
Dépôt légal : février 2005
Imprimé en France.